Couverture : tornade provoquée par un orage (Floride) ; éruption de lave sur le Kilauea (Hawaï).
Page 1 : iceberg au Groenland.
Page 3 : schéma d'un volcan.
Pages 4-5 : éruption du Mt St Helens en 1980.

PETITE ENCYCLOPÉDIE
LAROUSSE

Direction éditoriale
Mathilde Majorel et
Thierry Olivaux, assistés de
Marc Dannenhoffer

Conception graphique et couverture
Jean-Yves Grall

Mise en page
Abigail Nunes

Illustrations
Cartographie
Vincent Landrin
Recherche iconographique
Frédéric Mazuy
Archives Larousse
Marie Vorobieff

Relecture et correction
Annick Valade assistée
de Madeleine Biaujeaud

Fabrication
Martine Toudert

Photogravure
Nord Compo

Remerciements
à Marie-Lise Cuq
et à Michel Durand

ISBN : 2-03-575133-0
Dépôt légal : septembre 2003

Distributeur exclusif au Canada :
Messageries ADP,
1751 Richardson,
Montréal (Québec)

Anne Debroise et Érick Seinandre

Petit atlas des phénomènes naturels

PETITE ENCYCLOPÉDIE
LAROUSSE

Sommaire

Pour en savoir plus

❋ Cartes

Avant-propos

Sculptée par des forces qui agissent sur des millions d'années, ou brutalement secouée en quelques secondes, la Terre vit au rythme des phénomènes naturels.
Grâce à ces manifestations impressionnantes, nous savons que notre planète évolue constamment, cherchant son propre équilibre dans l'Univers, et ses divers constituants (masses d'air, courants marins, chaleur interne, etc.) également entre eux. Ces forces et ces équilibres nous dépassent largement.
Les phénomènes naturels sont parfois une source d'émerveillement : éclipses, étoiles filantes, aurores boréales et cascades vertigineuses inspirent souvent la fascination. Mais ils peuvent aussi générer une crainte pleinement justifiée, car ils sont souvent à l'origine des catastrophes naturelles. Les cyclones, les raz-de-marée, les éruptions, les inondations récentes en Europe ou au Bangladesh en témoignent.
Incapable de maîtriser ces événements, l'homme peut toutefois les influencer. Selon les dernières prévisions des spécialistes en météorologie, le réchauffement climatique dû aux rejets croissants de polluants dans l'atmosphère risque de conduire à l'augmentation de la fréquence des catastrophes naturelles. S'il est difficile de dire dans quelle mesure les dernières en date sont liées à un possible réchauffement du climat, un signe ne trompe pas : les prix des contrats d'assurance couvrant ces risques s'envolent !
Quoique de nombreux mécanismes restent encore obscurs, la compréhension des phénomènes naturels s'améliore. Les volcans en activité sont aujourd'hui étroitement surveillés, et les conséquences les plus meurtrières des éruptions volcaniques peuvent être évitées par l'évacuation des populations. Trajectoires des cyclones et progressions des tsunamis sont suivies, ce qui permet également de prévenir les populations afin que les précautions soient prises ; et si rien ne permet encore de prédire les séismes, les constructions antisismiques s'améliorent. Ces progrès sont néanmoins insuffisants au regard des pertes humaines et des dégâts matériels enregistrés, car ils sont inaccessibles aux régions les plus pauvres de la planète, les plus souvent touchées.

Série d'éclairs au-dessus d'un lac des États-Unis. Ce phénomène se produit en moyenne 100 fois par seconde sur Terre.

Les volcans sont apparus il y a environ 4 milliards d'années, dès que la croûte terrestre a commencé à se solidifier. Grâce à ces cheminées naturelles, la planète évacue la chaleur créée en son cœur par la décomposition des éléments radioactifs. La plupart des volcans se concentrent aux limites des plaques tectoniques, dont l'écartement ou la rencontre favorisent la remontée des roches fondues en profondeur ; certains volcans apparaissent au milieu d'une plaque. Chaque cas de figure donne naissance à des volcans d'allures très différentes, qui entrent en éruption de manière plus ou moins explosive.

Les éruptions de l'Etna se caractérisent par de grands épanchements de lave fluide.

Le feu de la Terre

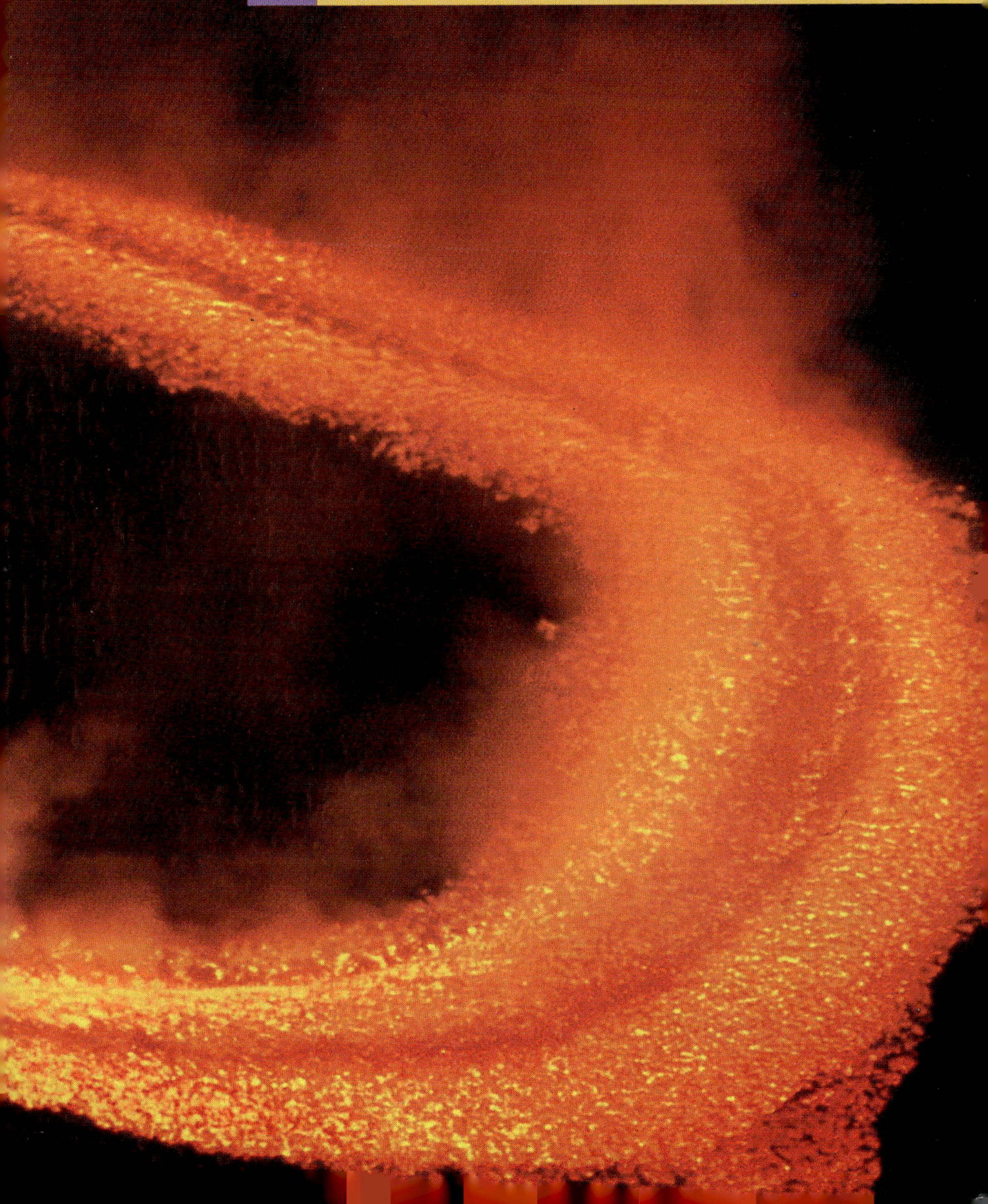

L'origine des volcans

Les volcans ont toujours existé sur notre planète.
Ils constituent des brèches par lesquelles s'écoule la chaleur produite en continu au centre de la Terre.

Une plaie ouverte sur les entrailles de la Terre

Notre planète ressemble à un véritable haut-fourneau. Grâce à la chaleur dégagée par la décomposition des éléments radioactifs de ses roches, son cœur rayonne à plus de 5 000 °C. En profondeur sous nos pieds, la température du sol augmente ainsi en moyenne de 1 °C tous les 30 m. Au niveau du manteau supérieur, à environ 100 km de profondeur, les roches fondent par endroits pour former du magma ; c'est là, en général, que les volcans s'alimentent, mais ils peuvent aussi prendre leur source bien plus profondément, à plusieurs milliers de kilomètres de la surface.

Le magma, plus léger et plus chaud que les roches environnantes, a tendance à remonter vers la surface en profitant des zones fragilisées de l'écorce terrestre. Il s'accumule alors dans de gigantesques réservoirs, les chambres magmatiques. Lorsque la pression des gaz dissous dans ce magma devient trop forte,

LEXIQUE

[Magma]
Liquide formé à l'intérieur de la Terre par fusion des roches qui la composent.

[Lithosphère]
Couche externe de la croûte terrestre fragmentée en plaques tectoniques.

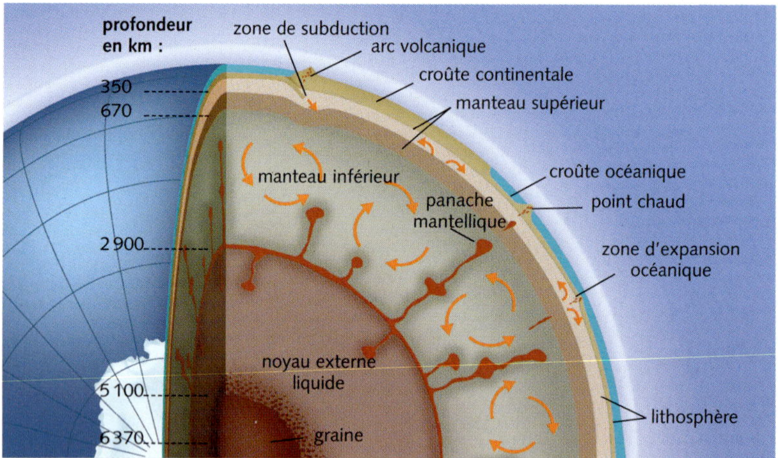

La convection des roches chaudes qui anime le manteau entraîne les plaques lithosphériques. Ces mouvements permettent la circulation de la chaleur produite au cœur de la Terre et son évacuation par les cheminées volcaniques.

l'écorce se fissure et expulse un mélange de gaz, de roches fondues et solidifiées. C'est l'éruption.

Tectonique des plaques

Les volcans s'installent principalement le long des limites de plaques. La couche extérieure et rigide du globe, la lithosphère, est en effet divisée en plaques se déplaçant très lentement grâce aux mouvements de convection qui agitent le manteau. Lorsque deux plaques se dirigent l'une vers l'autre, l'une passe sous l'autre en la soulevant ; la plaque plongeante se réchauffe en profondeur et se fluidifie : on parle de zone de subduction. La lithosphère qui disparaît dans ces zones se crée de nouveau ailleurs, dans les zones d'accrétion, là où deux plaques s'écartent l'une de l'autre. La vallée (nommée « rift ») qui apparaît alors contient des roches basaltiques solidifiées après refroidissement. Deux plaques peuvent aussi simplement glisser l'une contre l'autre, mécanisme qui ne provoque en général aucun volcanisme.

Le volcanisme en Islande est dû à l'écartement de deux plaques lithosphériques. Ici, le rift creuse le paysage de Pingvellir.

Carte *(pages suivantes)*

La plupart des volcans élisent domicile le long des limites des plaques lithosphériques. Dans les zones d'écartement de plaques (les dorsales océaniques) ou dans celles où elles convergent et s'enfoncent l'une sous l'autre (zones de subduction) se forment des chaînes volcaniques. Seuls les volcans de point chaud surgissent en dehors de ces zones.

Volcans de point chaud

Environ 5 % des volcans bourgeonnent en plein milieu d'une plaque lithosphérique. Ces volcans dits « de point chaud » sont longtemps restés un mystère. On sait aujourd'hui qu'ils prennent leur source à près de 3 000 km de profondeur, à la frontière entre le noyau et le manteau. Là, la matière surchauffée traverse le manteau en se décompressant, ce qui provoque sa liquéfaction. À la manière d'un chalumeau, le panache ainsi formé attaque la lithosphère et parvient à la perforer : le volcan entre alors en activité.
Comme la lithosphère continue de se déplacer tandis que le panache reste immobile, le volcan ne se trouve plus à la verticale de ce dernier et finit par s'éteindre, tandis qu'un autre apparaît à l'aplomb du point chaud.

Planète active

On estime aujourd'hui que notre planète compte entre 500 et 1 500 volcans actifs, c'est-à-dire susceptibles d'entrer en éruption d'un moment à l'autre. Au cours du XXe siècle, plus de 400 volcans différents ont connu au moins une éruption. Toutefois, ces chiffres sont à relativiser, car il est souvent difficile de tracer les limites de chaque appareil volcanique, un même appareil pouvant comporter plusieurs cônes éruptifs. Par ailleurs, on ne recense pas les dizaines de milliers de volcans qui jalonnent les rifts sous-marins et restent inconnus.

Les zones volcaniques

Grands types de volcans actifs :

très actifs	actifs	
		volcans de rift continental
		volcans de rift océanique
		volcans de zone de subduction

Volcans intraplaques (volcans de point chaud)

Volcans inactifs

Plaques lithosphériques :

direction des plaques

zones de subduction

limites de plaques

Tambora (1815 : 92000) :
date de l'éruption principale
et nombre de victimes

La diversité des volcans

Les volcans ressemblent souvent à des montagnes coiffées d'un cratère. Mais ils prennent aussi des formes déroutantes, telles que les calderas, les failles ou les dômes.

Le magnifique cône du volcan Llilicancabur domine le Chili et l'Altiplano bolivien du haut de ses 5920 m.

Cônes parfaits

Chaque volcan a son histoire, faite d'une ou de plusieurs éruptions, d'explosions de matière ou de coulées visqueuses.
Et chaque histoire donne naissance à une silhouette différente.
Le cône constitue l'appareil volcanique le plus classique. Il s'agit de monts de tailles extrêmement variables (les plus petits peuvent mesurer quelques mètres !) et dont les pentes sont relativement raides (de l'ordre de 30°). Parmi eux, le Mayon (2462 m), aux îles Philippines, est réputé pour avoir la silhouette la plus régulière du monde. Quand ils atteignent une certaine altitude, il n'est pas rare que ces volcans aient une cime enneigée, comme c'est le cas du Fuji-Yama (3776 m), le point culminant du Japon. De nombreux volcans sont constitués de plusieurs cônes dits « adventifs », qui sont autant de mini-volcans témoins d'éruptions passées et multiples (l'Etna en compte plus de 250 !).

Une île passagère

Le 18 juillet 1831, une nouvelle île apparaît dans le détroit de Sicile : il s'agit d'un volcan sous-marin qui atteint une hauteur suffisante pour arriver à la surface de la mer. Un mois plus tard, le volcan mesure 1500 m de diamètre et 70 m de hauteur. Cette nouvelle terre attise les convoitises : le royaume des Deux-Siciles se l'adjuge et la baptise Ferdinandea, les Britanniques la revendiquent sous le nom de Graham, et les Français sous celui de Julia. Érodé par les courants marins, l'îlot disparaîtra à la fin de l'année… Après une brève réapparition en 1863, il replongera définitivement.

Le sommet des volcans-boucliers paraît presque plat. Depuis le Mauna Ulu, formé de 1969 à 1974 sur le flanc du Kilauea, on observe le Mauna Loa, qui culmine à 4 710 m.

Volcans-boucliers

Il existe d'autres volcans qui présentent des formes nettement moins accidentées que les volcans côniques. Il s'agit des volcans-boucliers, dont la pente est comprise entre 2° et 10°. Leur forme peut suggérer un ballon de rugby à moitié enterré dans le sol. Cette forme convexe caractéristique est due à la pression exercée par la lave fluide à l'intérieur de l'appareil, pression qui gonfle les flancs du volcan avant que le magma ne s'épanche lentement vers l'extérieur.
Les volcans-boucliers peuvent atteindre des hauteurs significatives grâce à l'accumulation d'une quantité phénoménale de matière magmatique. Ainsi, le Mauna Loa (situé dans l'archipel volcanique des îles Hawaï), qui est le volcan-bouclier le plus réputé, est aussi le plus volumineux volcan de la Terre, avec 4 170 m d'altitude et 250 km de diamètre à sa base !

LEXIQUE

[Dorsale océanique] Fracture sous-marine par laquelle le magma s'injecte et reconstitue le fond océanique.

[Rift] Vallée d'effondrement créée par des tensions de la lithosphère.

Grands fossés

Le long des dorsales d'accrétion océaniques, mais aussi en Islande ou le long du grand rift africain, des phénomènes volcaniques se produisent. Le magma qui s'écoule comble les failles créées par l'écartement des plaques lithosphériques, ce qui donne naissance à des silhouettes volcaniques bien particulières. Sur le continent, la divergence crée tout d'abord un fossé appelé « gouttière de distension » – comme le grand rift africain, par exemple –, avant de former un commencement d'océan – mer Rouge, par exemple. Le long des dorsales océaniques, au fond de l'eau, de multiples cheminées crachent de l'eau chargée en sels métalliques : ce sont des fumeurs noirs.

Des creux et des bosses

Les volcans se différencient également par la forme de leur sommet. Les plus classiques possèdent un cratère, c'est-à-dire que l'orifice de leur cheminée est ouvert. Les mouvements qui agitent la croûte terrestre et le magma sous le volcan conduisent fréquemment à des tiraillements : le cratère s'ébrèche, il « s'égueule » (c'est-à-dire s'ouvre et devient plus échancré).
Si un autre phénomène éruptif survient au même endroit, on peut alors observer des emboîtements de cratères. Suivant le degré d'activité du volcan, le fond du cratère peut être rempli de lave solidifiée ou de lave bouillonnante.
Parfois, quand le magma en cours d'éruption rencontre une nappe aquifère ou un lac, le choc de ces deux températures extrêmes conduit à une forte explosion de vapeur. Une dépression se forme alors, dans laquelle un nouveau lac peut prendre place. Ce type de cratère se nomme « maar ».
Toutefois, il existe de nombreux volcans sans cratère. Si, à la fin de l'épisode éruptif, la gueule du volcan se remplit de lave pâteuse, trop visqueuse pour s'écouler, celle-ci bouche alors le cratère et forme un dôme. C'est le cas notamment des volcans du mont Saint Helens aux États-Unis ou des monts Dore en France.

LEXIQUE

[Caldera]
Désigne un effondrement du toit du volcan, dû à une éruption particulièrement violente.

[Maar]
Cratère provenant de la rencontre du magma ascendant avec un réservoir d'eau.

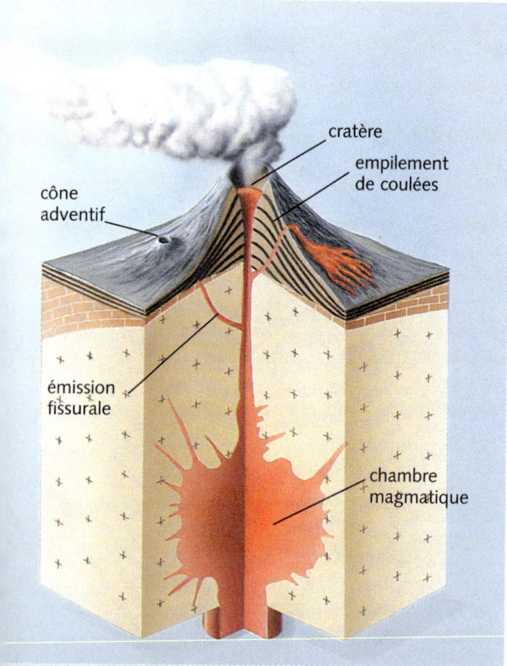

Coulées de lave et projections de pyroclastites façonnent les volcans. Elles forment un cône plus ou moins pentu autour de la cheminée principale reliée à une ou plusieurs chambres magmatiques.

Le centre de la caldera de ce volcan éthiopien s'est partiellement rempli d'eau de pluie.

Chaudrons du diable, merveilleuses calderas

Les calderas sont de gigantesques effondrements de terrain au centre de certains appareils volcaniques. Elles se produisent lorsque, au cours d'une éruption particulièrement explosive, les réserves de magma situées sous le volcan se vident brutalement. Une plaine de plusieurs kilomètres de diamètre se forme alors au centre du volcan, entourée de hautes falaises qui l'isolent du reste du monde. Les calderas donnent naissance à des paysages diversifiés. À Santorin, au nord de la Crète, vers 1500 avant J.-C., l'effondrement du centre de l'île au cours d'une éruption terriblement violente n'a laissé pour terres émergées qu'une falaise abrupte en forme de croissant de lune. La caldera du Ngorongoro (république unie de Tanzanie) a préservé, dans une plaine murée de 20 km de diamètre, un échantillon extrêmement diversifié de faune africaine (cette zone géographique est inscrite depuis 1979 au patrimoine de l'humanité).

En Indonésie se trouve la plus grande caldera du monde : elle mesure 30 km sur 100 km. En son sein se niche le lac Toba.

Silhouette variable

Les caractéristiques des volcans évoluent au fil du temps. Par exemple, un dôme peut se retrouver soufflé par une éruption qui décapite littéralement le volcan.
La plus forte éruption de l'histoire récente (1815) a ainsi diminué l'altitude du volcan Tambora (Indonésie) de 4000 à 2800 m !
D'autres transformations subites peuvent également se produire, comme la vidange d'un lac, ou l'apparition momentanée d'une île en plein océan (Surtsey par exemple).
L'érosion et le temps, enfin, peuvent transformer un volcan ensommeillé en mont paisible et verdoyant : la nature volcanique des monts d'Auvergne, en France, est ainsi passée inaperçue jusqu'au XVIIIe siècle…

Différents types d'éruption

Les panaches de fumée des volcans gris et les torrents de lave des volcans rouges illustrent deux types d'éruption. Ces différences dépendent avant tout de la composition du magma venu des profondeurs.

Scénario

Une éruption peut être comparée à l'explosion du bouchon d'une bouteille de champagne que l'on aurait trop secouée. La croûte terrestre cède en effet sous la pression des gaz dissous dans le magma accumulé dans la chambre magmatique, sous le volcan. Le magma se dissocie alors brusquement en deux phases, l'une gazeuse (vapeur d'eau, dioxyde de carbone, chlore...), l'autre liquide. Au fur et à mesure que ce mélange monte dans la cheminée, la pression diminue. Les bulles de gaz subissent une brusque expansion qui provoque l'explosion et la projection du liquide en cours de solidification au-dessus du volcan.
Le scénario de l'expulsion dépend alors de deux paramètres : la richesse en gaz et la teneur en silice du magma. Plus le magma est riche en gaz, plus l'expulsion est violente. Plus la roche en fusion est riche en silice (plus de 70 %), plus elle sera visqueuse et s'écoulera difficilement, allant jusqu'à former des bouchons qui finiront par exploser en projetant bombes volcaniques et autres débris rocheux extrêmement dangereux. À l'inverse, une roche pauvre en silice (moins de 50 %) s'écoulera de manière fluide, formant des coulées de lave basaltique.

Classification

On distingue en général 4 types d'éruption. Les *éruptions hawaïennes*, aux explosions rares, se caractérisent par l'émission de lave basaltique très fluide et très chaude ; elles donnent des volcans-boucliers. En raison d'un magma visqueux riche en gaz, les *éruptions stromboliennes* alternent émissions explosives de pyroclastites et coulées de laves

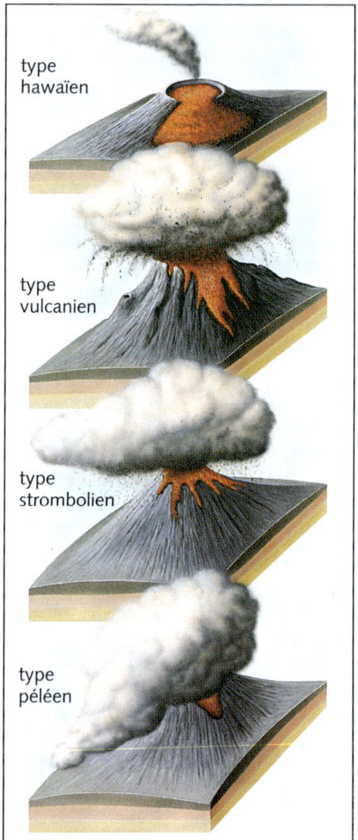

La structure du volcan et la composition chimique du magma définissent quatre grands types d'éruptions volcaniques.

Le contact de la lave et de l'eau, à faible profondeur, provoque de fortes explosions comme ici, en Islande, près de Surtsey.

(le cône est ainsi composé d'une succession de strates de pyroclastites et de lave refroidie) ; ces volcans sont appelés strato-volcans. Dans les *éruptions vulcaniennes*, parmi les plus redoutées, le magma très visqueux peine à évacuer la cheminée et forme un bouchon. Lorsque la pression accumulée dans la cheminée est suffisante, le bouchon explose, projetant aux environs une pluie de pyroclastites. De telles éruptions sont reconnaissables au panache de cendres en forme de champignon qu'elles dégagent. Les *éruptions péléennes*, éruptions explosives dues elles aussi à un magma particulièrement visqueux, se caractérisent par la formation d'un dôme de magma refroidi au sommet de la cheminée. Lorsque celui-ci cède, des nuées ardentes formées de lave fluide et de gaz brûlants dévalent les pentes du volcan à plusieurs centaines de kilomères-heure.

LEXIQUE

[Pyroclastites]
Ensemble des projections de débris émis par un volcan : poussières, cendres (de 2 mm de diamètre), lapilli (de 2 à 64 mm) et bombes – ou blocs (plus de 64 mm).

L'eau et le feu

La rencontre avec l'eau provoque de plus d'autres types d'éruption : éruptions sous-marines où la pression de l'eau à grande profondeur interdit tout dégazage, ce qui donne lieu à de paisibles écoulements de lave, dits « en coussin » (pillowlavas) ; éruptions phréatomagmatiques qui se produisent à de faibles profondeurs et où le contact de la lave et de l'eau engendre de fortes explosions ; éruptions phréatiques, enfin, où la proximité d'un réservoir magmatique peut provoquer une évaporation brutale d'eaux souterraines, avec l'éjection en surface de vapeur d'eau et de roches anciennes solides.

Une typologie théorique

Les volcans se laissent difficilement cataloguer. Il arrive en effet souvent qu'un même volcan connaisse différents types d'éruption au cours de sa vie (voire au cours d'une seule éruption). Le piton de la Fournaise, sur l'île de la Réunion, fut ainsi le lieu d'éruptions de type strombolien avant d'évoluer vers un type hawaïen.

Les autres dangers des volcans

Les volcans font planer un danger de mort permanent sur des milliers d'habitants de la planète. Un danger à multiples facettes, tels les gaz toxiques ou les coulées de boue.

L'eau dévastatrice

La tragédie qui a ravagé la ville colombienne d'Armero le 13 novembre 1985 a tragiquement rappelé au monde entier que le feu n'était pas le seul facteur de mort au cours d'une éruption. Comme de nombreux autres volcans, le Nevado del Ruiz, qui culmine à 5 389 m, est recouvert de glaciers. La chaleur de l'éruption transforme ces glaciers en torrents d'eau, puis de boue, qui submergent la ville et ses habitants. Le bilan s'élève à 22 000 morts et disparus.

D'autres types de volcans peuvent générer des torrents de boue : ceux, par exemple, dont le cratère abrite un lac. C'est ainsi que l'ancienne capitale du Guatemala, Antigua, a été détruite au XVIIe siècle. On peut également voir apparaître, dans les régions chaudes et humides, lors de la saison des pluies, des torrents de boue dans les années qui suivent une éruption ayant engendré des dépôts importants de cendres. Au Japon, l'un des pays à la pointe en matière de prévention des catastrophes volcaniques, les flancs de l'Usu ont été équipés en barrages et systèmes de filtration divers destinés à maîtriser les torrents de boue susceptibles de dévaler les pentes recouvertes de cendres après les éruptions de 1977-1978. Enfin, des éruptions particulièrement

La ville d'Armero (Colombie), à 130 km de Bogota, a été submergée par les coulées de boues après le réveil du volcan Nevado del Ruiz, endormi depuis 1840.

violentes peuvent provoquer des raz-de-marée dévastateurs. En 1883, l'éruption qui pulvérisa l'île du Krakatau projeta une telle quantité de matière dans l'eau que les côtes de Java et Sumatra furent submergées par un énorme raz-de-marée, décimant 165 villages et provoquant la mort de 36 000 personnes.

Le nuage de gaz échappé du lac Nyos (Cameroun) le 21 août 1986 décima les troupeaux alentour. On a recensé plus de 3 000 bovins asphyxiés par le dioxyde de carbone.

Gaz mortel

Les cratères des volcans se remplissent parfois d'eau de pluie, formant des lacs qui dissolvent en permanence les émanations de soufre, de dioxyde de carbone et de chlore, échappées du magma sous-jacent. Le Kawah Idjen, en Indonésie, abrite ainsi un lac rempli d'acides sulfurique et chlorhydrique. En dehors du danger intrinsèque de la présence d'une telle quantité d'acide, ces lacs de cratère peuvent libérer brutalement de grandes quantités de gaz toxique. En effet, lorsque les gaz atteignent leur limite de solubilité, la moindre instabilité engendre un dégazage massif. En 1976, une énorme bulle de gaz sulfureux avait crevé la surface du Kawah Idjen et tué 11 ouvriers récoltant du soufre. Le 21 août 1986, une nappe de gaz carbonique s'est échappée du lac Nyos situé au sein d'un volcan éteint, le mont Oku, au nord-ouest du Cameroun, asphyxiant 1 746 personnes et 3 000 bovins.

Le climat modifié

La libération de grandes quantités de poussières volcaniques dans l'atmosphère peut avoir des conséquences sur le climat mondial. En 1982, l'éruption du volcan El Chichon au Mexique a propulsé dans la stratosphère 20 millions de tonnes de poussière et d'énormes quantités de gaz sulfureux. Le nuage aurait intercepté 2 à 3 % du rayonnement solaire pendant 3 ans, entraînant une baisse globale de la température de l'ordre de 1 °C. Il est responsable des records de froid enregistrés aux États-Unis au cours de l'hiver 1983-1984 et en Europe l'année suivante.

Des avions menacés

En juin 1982, un Boeing de la British Airways survole Java à 12 300 m d'altitude quand ses réacteurs tombent en panne, victimes de l'éruption du Galunggung, qui injecte des tonnes de poussières volcaniques dans la haute atmosphère. Un atterrissage forcé réussi permet heureusement de sauver tous les occupants. Aujourd'hui, les avions évitent ce type d'éruption.

Les grandes éruptions de l'histoire

Par leur puissance, par leurs effets particulièrement dévastateurs, de nombreuses éruptions ont marqué l'histoire des hommes. Certaines sont ainsi entrées dans la légende...

Santorin, l'Atlantide disparue ?

En 1450 avant J.-C., l'une des éruptions les plus destructrices de l'histoire secoue l'île de Théra (aujourd'hui Santorin), au nord de la Crète. Les volcanologues estiment que 60 km^3 de matériaux sont alors projetés dans l'atmosphère. L'onde de choc, entendue à des milliers de kilomètres, renverse des édifices en Grèce tandis qu'un raz-de-marée submerge les côtes environnantes. La majeure partie de l'île s'effondre. Selon l'hypothèse d'un sismologue grec, il pourrait s'agir en fait de la fameuse Atlantide. Une légende égyptienne raconte en effet qu'une civilisation particulièrement avancée, établie sur une île, aurait subitement disparu au cours d'un tremblement de terre et d'un raz-de-marée.

À Santorin (Grèce), l'effondrement du centre du volcan a donné naissance à une caldera en partie immergée. On voit ici le cratère et, en second plan, la falaise de la caldera dominée par la ville de Phira.

Pompéi, victime du Vésuve

Pompéi, en Italie, constitue le témoignage le plus frappant des ravages des volcans. En 79 après J.-C., le Vésuve se réveille, enfouissant les environs sous des mètres de cendres, de ponces et de boue. Dans la riche cité de Pompéi, les cendres ont conservé le moulage des corps figés en pleine agonie. L'éruption avait été décrite avec précision par Pline le Jeune, futur écrivain et consul, qui a laissé son nom au panache de pyroclastites éjectées lors d'éruptions explosives : on parle de colonne plinienne.

Krakatau, montagne Pelée, Pinatubo...

« Krakatau » serait le bruit émis par ce volcan indonésien lorsqu'il se met en colère. Les 27 et 28 août 1883, sa fureur a été entendue à plus de 4500 km ! Les ondes de choc des explosions cassèrent des vitres dans un rayon de 500 km. Le nuage volcanique, qui

LEXIQUE

[Ponce]
Roche volcanique très légère et poreuse.

Pendant l'éruption du Pinatubo (Philippines), en 1991, les projections obscurcirent le ciel pendant des mois. Les environs furent recouverts d'un manteau épais de 10 cm à 1 m de cendres volcaniques. On en trouva jusque sur les côtes de la Chine.

atteignit 40 km de haut, fit plusieurs fois le tour de la Terre. Les raz-de-marée engendrés par la retombée dans la mer d'énormes quantités de ponces furent dévastateurs : ils furent la principale cause de décès des 36 000 victimes recensées.

L'éruption de la montagne Pelée, à la Martinique, marqua un tournant dans l'histoire de la volcanologie. Le volcan, depuis longtemps endormi, culminait à 1 397 m et abritait un lac où se baignaient les habitants de Saint-Pierre, la ville la plus peuplée de l'île, située en contrebas. Le 8 mai 1902, la montagne explosa. Un nuage de gaz et de cendres incandescentes fondit à environ 160 km/h sur la ville, qui fut détruite en quelques minutes. Sur les 30 000 habitants, deux personnes survécurent, dont un prisonnier enfermé dans un cachot aux murs épais. Les savants, surpris par le phénomène, arrivèrent nombreux sur le site de la catastrophe, ce qui donna lieu à la première grande étude scientifique d'une éruption.

La catastrophe du Pinatubo (Philippines), en 1991, a confirmé que les éruptions majeures se produisent souvent sur des volcans depuis longtemps endormis. L'éruption mit heureusement deux mois à atteindre son paroxysme, ce qui permit d'évacuer 200 000 personnes de la zone à risque. Le 15 juin, un panache haut de 40 km déversa des cendres et des ponces sur toute la région. Un cyclone (Yunya) suivit, déclenchant des coulées de boues de cendres dévastatrices. Malgré les précautions prises, l'éruption du Pinatubo tua plus de 800 personnes.

Quelques records

Plus haut volcan éteint : Nevado Ojos del Saldado (Chili), 6 863 m. Plus haut volcan actif : Antonfalla (Argentine), 6 450 m. Plus gros volcan actif : Mauna Loa (Hawaï), 40 000 km^3. Éruption la plus meurtrière : Tambora (Indonésie), 92 000 morts en 1815. La plus forte explosion connue : Toba (Sumatra), il y a 75 000 ans, équivalant à 40 millions de bombes de type Hiroshima.

Des volcans et des hommes

Les hommes portent un regard sur les volcans variant entre crainte et fascination. Ils tentent aujourd'hui d'en maîtriser l'énergie, tout en continuant à leur payer un lourd tribut.

Une corne d'abondance explosive

Malgré les risques que cela présente, des centaines de millions de personnes habitent au pied des volcans. La terre y présente en effet une fertilité incomparable, due à la richesse des cendres en potassium, en phosphore et en calcium. Java, île volcanique de l'archipel indonésien, abrite ainsi 35 cratères et concentre 880 habitants au kilomètre carré ! Les bonnes années, il est possible d'y réaliser trois récoltes de riz. En Italie, les terres entourant l'Etna figurent parmi les plus fertiles du bassin méditerranéen. En hiver, elles produisent citrons et oranges en abondance. La densité de population y atteint des records, 500 000 personnes vivant dans les parages du volcan.

Au pied du volcan Merapi (Indonésie), les cultures de tabac s'épanouissent sur une terre fertilisée par les projections riches en minéraux.

Métaux et pierres précieuses

Les volcans produisent une grande quantité de matières premières utiles ou prestigieuses. La pierre ponce, par exemple, constituée d'écume de lave, est une roche poreuse aux propriétés abrasives. Plus généralement, les zéolites, ces pierres poreuses d'origine volcanique, intéressent de plus en plus les chimistes par leurs capacités à accélérer les réactions. Elles sont notamment utilisées dans des dispositifs dépolluants (par exemple dans les pots d'échappement) pour casser des molécules toxiques.
Le soufre volcanique figure également parmi les matières premières utilisables par l'industrie chimique. Il est notamment récolté autour du Kawah Idjen, en Indonésie, et dans la plus haute mine de soufre du monde, autour du Purico, au Chili.
Les appareils volcaniques sont par ailleurs le siège de réactions qui concentrent les métaux présents dans le manteau au sein de veines ou de filons (cuivre, or, argent ou mercure). Les volcans érodés de la chaîne des Cascades, dans l'ouest des États-Unis, sont à l'origine de la fameuse « ruée vers l'or ». Les fortes pressions qui y règnent

Les Islandais aiment se retrouver et se baigner dans les sources chaudes naturelles présentes un peu partout dans le pays.

permettent également la cristallisation de pierres de joaillerie comme la topaze, l'améthyste ou la pierre de lune. Les mouvements volcaniques permettent également de ramener vers la surface des diamants créés à haute pression, à près de 3 000 km de profondeur.

Thermalisme à Budapest

La géothermie conduit à la formation de sources chaudes un peu partout dans le monde. À Budapest par exemple, on construisit dès le Ier siècle de notre ère des bains destinés à remettre sur pied les légions romaines de Pannonie. La ville compte encore de nombreux établissements thermaux, dont l'un figure parmi les plus grands d'Europe.

Maîtriser l'énergie des volcans

Dans les régions volcaniques, la proximité de poches de magma chauffe certaines sources d'eau, parfois à plus de 300 °C. Quand la température dépasse 100 °C, la vapeur d'eau est utilisée pour faire tourner les turbines des centrales électriques, et produire de l'électricité. Les États-Unis sont les plus gros producteurs d'électricité d'origine géothermique au monde, devant les Philippines et l'Italie. Pour des températures plus basses, l'eau est directement utilisée comme moyen de chauffage : ainsi, 80 % de la population islandaise utilise la géothermie pour se chauffer. Le pays produit même des fruits tropicaux sous serre grâce à cette énergie bon marché.

La recherche travaille actuellement à mettre au point des mécanismes permettant de capter directement l'énergie des volcans, sans qu'il soit besoin de passer par des sources d'eau chaude.

LEXIQUE

[Fumerolles]
Émissions gazeuses d'un volcan.

[Géothermie]
Ensemble des phénomènes thermiques internes du globe terrestre ; leur étude scientifique.

La Terre est une planète vivante. Sa surface solide est constamment renouvelée et modelée par des forces de convection qui animent le manteau et la soumettent à des tensions phénoménales. Lorsque ces tensions, accumulées au fil des décennies, se libèrent, elles provoquent des ruptures dans la masse rocheuse, qui se traduisent en surface par des tremblements de terre. Ces séismes, lorsqu'ils se produisent à proximité de l'océan, peuvent engendrer à leur tour des tsunamis qui déferlent sur les côtes.

Le séisme qui a secoué le Japon, en 1995, a fait 6 000 morts. Dans un pays préparé aux séismes, un tel bilan souligne la difficulté à maîtriser ces risques.

Quand la Terre tremble

L'origine des séismes

La croûte terrestre évolue imperceptiblement sous l'effet de forces colossales. Les roches de surface se déforment, puis cassent en provoquant des séismes destructeurs.

Des tremblements quasi permanents

Un séisme est un mouvement de l'écorce terrestre qui engendre des secousses plus ou moins destructrices à la surface du sol. Ce mouvement peut être parfois dû à une éruption, à une explosion souterraine, à un impact de météorite, mais il est le plus souvent provoqué par des ruptures de roches en profondeur. L'origine de la rupture, appelée « foyer », se situe pour 95 % des cas dans la partie cassante de la lithosphère, à moins de 60 km de la surface.

Les séismes secouent la planète en continu, mais ils passent le plus souvent inaperçus car ils sont trop faibles, ou bien affectent des zones inhabitées. Chaque année, on compte en moyenne un ou deux tremblements de terre très importants (magnitude supérieure à 8 sur l'échelle de Richter), une centaine d'importance moyenne (magnitude supérieure à 6) et 100 000 petits séismes (magnitude supérieure à 3).

Les séismes peuvent provoquer des dégâts importants (écroulements de constructions, tsunamis, avalanches et glissements de terrain) qui, eux-mêmes, font de nombreuses victimes. Au cours des 100 dernières années, les séismes ont causé la mort de plus de 1,5 million de personnes.

Quand les plaques se fissurent

Selon la théorie de la tectonique des plaques, la partie cassante de la croûte terrestre (la lithosphère) est morcelée en une douzaine de plaques principales qui se meuvent sur une sous-couche plus fluide, l'asthénosphère. La frontière entre deux plaques est une zone particulièrement sensible. Si les deux plaques s'écartent, comme c'est le cas le long des dorsales océaniques, des roches fondues en provenance du manteau viennent former un nouveau matériau lithosphérique. Si elles convergent, l'une va plonger sous l'autre et fusionner en profondeur, tandis que l'autre, surélevée, formera une chaîne montagneuse. Enfin, les deux plaques peuvent également coulisser l'une par rapport à l'autre. On parle alors de limites de plaques transformantes. Ces trois cas de figure imposent de très fortes contraintes aux

Magnitude et intensité

La magnitude (mesure de l'énergie libérée par le séisme) est principalement évaluée par l'échelle de Richter, qui est logarithmique : passer d'une unité à l'unité supérieure multiplie la quantité d'énergie par 10. Ainsi, un séisme de magnitude 5 libère autant d'énergie qu'une bombe de type Hiroshima ; un séisme de magnitude 6 autant que 10 bombes (le plus gros séisme enregistré, au Chili en 1960, avait atteint une magnitude de 9,5). L'intensité d'un séisme mesure les effets de celui-ci (du tremblement imperceptible à l'effondrement de bâtiments entiers), qui dépendent notamment de la fermeté du sol et de l'éloignement du foyer. En plus de l'échelle de Mercalli, la plus connue, on utilise l'EMS *(European Macrosismic Scale)*, fondée sur un questionnaire distribué aux populations touchées.

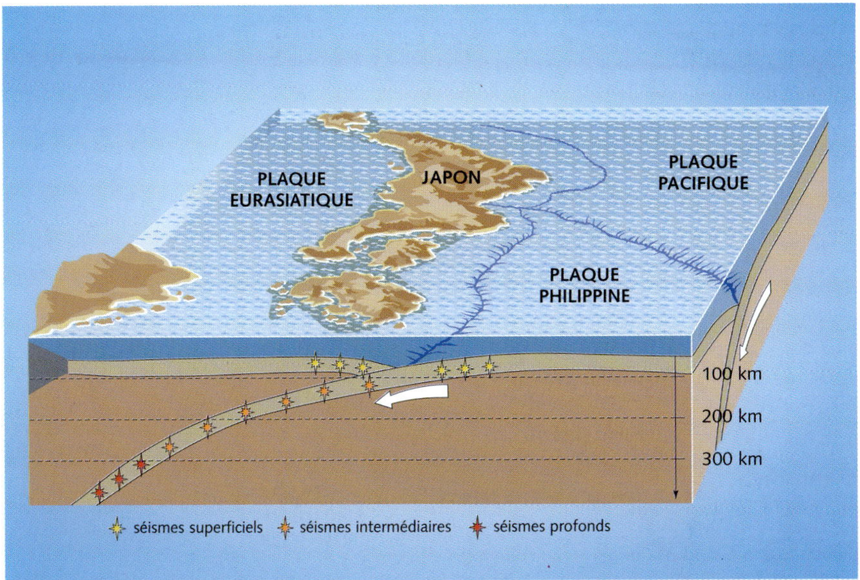

Le long de la côte du Japon, trois plaques lithosphériques se rencontrent : la plaque Pacifique tout d'abord, qui plonge sous la plaque Philippine, elle-même plongeant sous la plaque eurasiatique, une plaque continentale plus légère. On distingue différents types de seismes selon la profondeur de leur foyer.

roches de surface. Celles-ci se déforment de manière élastique jusqu'à ce qu'elles atteignent un point de rupture à partir duquel elles cassent le long d'une ou de plusieurs failles. La terre se met alors à trembler.

Il arrive aussi, très rarement, qu'un séisme ait lieu en dehors de toute limite de plaque. Il s'agit alors souvent d'une ancienne cicatrice qui joue sous l'effet des forces s'exerçant sur la plaque.

LEXIQUE

[Foyer]
Lieu de démarrage de la rupture d'un ensemble rocheux.
[Épicentre]
Point de la surface le plus proche du foyer.
[Épicentre macrosismique]
Lieu de plus forte intensité ressentie.

Un choc de haute énergie

Lorsqu'un craquement affecte la croûte terrestre, l'énergie du choc se dissipe sous forme de chaleur, et, pour 20 à 30 %, sous forme de vibrations. Une partie de ces ondes (la plus destructrice) voyage à la surface du globe, une partie le traverse. Il est possible, en réalisant des mesures sur ces ondes, de connaître l'éloignement du foyer sismique et de le localiser.

Carte *(pages suivantes)*

Selon la théorie de la tectonique des plaques (théorie qui constituerait un modèle simplifié de la réalité), la croûte terrestre peut être considérée comme une mosaïque de plaques en mouvement.
On compte une douzaine de plaques principales, dont l'affrontement conduit à des tensions phénoménales (formation de failles, plissements, étirements, épaississements ou amincissements), à l'origine de séismes variés.

Les zones sismiques

Zone de séismes :

- séismes superficiels
- séismes intermédiaires
- séismes profonds

épicentre des principaux séismes depuis 1900

Mexico (1985 ; 8776) : date du séisme ou du tsunami et nombre de morts

PLAQUE NORD-AMÉRICAINE
Erzincan (Turq.) (1939 ; 32 700)
Spitak (Arm.) (1988 ; 25 000)
Rasht (Iran) (1988 ; 40 000)
Italie centrale (1915 ; 35 000)
Ashad (Turkm.) (1948 ; 19 800)
Avellino (Ital.) (1980 ; 12 383)
Tabas (Iran) (1977 ; 15 000)
Messine(Ital.) (1908 ; 65 000)
Karatag (Tadj) (1907 ; 24 000)
El Asnam (Alg.) (1980 ; 16 000)
Izmit (Turq.) (1999 ; 17 000)
Agadir (Maroc) (1960 ; 13 100)
Jahrom (Iran) (1972 ; 20 800)
Guatemala (1976 ; 23 000)
Qetta (Pak.) (1935 ; 30 000)
Bhuj (Inde) (2001 ; 20 000)
Kangra (Inde) (1905 ; 29 000)
Managua (Nicar.) (1972 ; 31 000)
Équateur
PLAQUE AFRICAINE
Yungay (Pérou) (1970 ; 54 000)
Nord Chili (1868 ; 25 674)
PLAQUE SUD-AMÉRICAINE
Chili central (1960 ; 1 260)
Chillan (Chilli) (1939 ; 28 000)
Terre de Feu (Argen.) (1949 ; 10 000)
PLAQUE ANTARCTIQUE
0 2 000 km
échelle à l'équateur
Principaux tsunamis depuis 1890 :
hauteur de vagues inférieure à 15 m
hauteur de vagues supérieure à 15 m
côtes présentant un risque de tsunamis

Les grands séismes de l'histoire

Les colères de la Terre ont marqué l'histoire des hommes. Tremblements de terre et tsunamis peuvent affecter quasiment toutes les régions du globe.

L'Europe, touchée, se penche sur la question

Les observations empiriques de tremblements sont rares en Europe avant le XVIIIe siècle. On s'en tenait alors essentiellement aux écrits et aux théories d'Aristote et de Pline. En 1750, l'Angleterre subit 5 grands tremblements de terre. Le 1er novembre 1755, un choc cataclysmique engendre un tsunami qui déferle sur les côtes portugaises, submerge Lisbonne et tue 70 000 personnes. Ces deux événements signent la naissance de la sismologie moderne. Les premières études sur la localisation, la durée et les effets des séismes sont réalisées, notamment par le Britannique John Michell et le Suisse Elie Bertrand.

La Chine se protège

La Chine cumule les deux catastrophes les plus meurtrières de l'histoire : en 1556, un séisme tue 830 000 personnes au Shanxi et au Henan. En 1976, même bilan dans la région du Tang shan. Depuis des millénaires, le pays tente de se protéger. On a notamment retrouvé un vase détecteur de séismes datant du début de notre ère : il porte des dragons tenant en équilibre dans leur gueule une balle, qui tombe au moindre tremblement. Aujourd'hui, outre de nombreuses stations scientifiques, un réseau de bénévoles surveille toute modification suspecte : bruits souterrains, comportement des animaux, variation du niveau d'eau des lacs ou des puits, augmentation de la teneur en radon de certaines nappes... En 1975, une évacuation a été effectuée environ 5 heures avant le choc, sauvant des milliers de vies humaines.

Une rue de Kobe, le plus grand port du Japon, après le séisme du 17 janvier 1995.

San Francisco en ruine

Le 18 avril 1906, vers 5 heures du matin, des chocs violents, qui durent entre 45 et 60 secondes, affectent la baie de San Francisco. À son paroxysme, le séisme est ressenti dans un rayon d'environ 500 km, du sud de l'Oregon au sud de Los Angeles sur les côtes, et jusque dans le centre du Nevada dans l'intérieur des terres. Une rupture de 470 km de long s'ouvre non loin de San Francisco, où un incendie se déclare, qui fera rage pendant 4 jours. La région déplore près de 3 000 morts et 28 000 bâtiments détruits. La catastrophe marquera un tournant dans l'étude des séismes.

Après le séisme de 1906, la ville de San Francisco, en partie détruite, connut un incendie ravageur.

Les observations établissent en effet une correspondance frappante entre l'intensité des dégâts et les conditions géologiques du sous-sol. Par ailleurs, des bâtiments auparavant alignés ne le sont plus après la catastrophe. Le professeur Harry Fielding Reid déduira de ses observations que les tremblements de terre sont le résultat de tensions qui se sont accumulées sur plusieurs années au sein de la croûte terrestre.

Chili : la plus forte secousse de l'histoire

En 1960, le Chili subit le plus fort séisme connu de l'histoire. La série de secousses commence le 21 mai. La zone de rupture de faille atteint 1 000 km de long. Mais, surtout, un énorme tsunami submerge les côtes du bassin Pacifique. Au Chili, le séisme fait 1 500 morts et détruit 60 000 maisons. Le tsunami provoque 61 morts à Hawaï, 200 au Japon, 32 aux Philippines. À Hawaï, des blocs rocheux issus d'une digue d'une vingtaine de tonnes ont été transportés à 180 m à l'intérieur des terres. Au Chili, on observe d'importantes modifications du relief : des chutes de rochers et des glissements de terrain créent un lac sur le fleuve San José. Le 24 mai, le volcan Puyhue entre en éruption.

LEXIQUE

[Sismologie]
Science des tremblements de terre.

L'Inde sous le choc

En janvier 2001, l'Inde commence à célébrer le Jour de la République lorsqu'un tremblement de terre secoue tout le sous-continent. L'épicentre est localisé le long de la frontière avec le Pakistan, dans le nord de la province du Gujarat. Des trains déraillent, la ville de Bhuj qui abritait 150 000 habitants est en ruine et la région déplore 20 000 morts. Le séisme affichait une magnitude de 7,7.

Les tsunamis : des vagues déferlantes

Lorsqu'un séisme se produit près d'un océan, le risque est grand de voir déferler, sur les rivages proches, des vagues d'une hauteur et d'une puissance exceptionnelles – les tsunamis.

Vagues mortelles

Le mot tsunami vient du japonais *tsu* (« port ») et *nami* (« vague »). Il désigne une vague, ou une série de vagues, en mer ou dans un lac, qui déferlent sur une côte en provoquant d'importants dégâts matériels et humains. Les tsunamis naissent d'une perturbation brutale qui déplace une grande quantité d'eau : tremblements de terre, glissements de terrain, retombées de matériaux éjectés par l'éruption d'un volcan, explosions nucléaires ou même chute d'une météorite. Quatre-vingts pour cent des tsunamis affectent l'océan Pacifique.

LEXIQUE

[Réfraction]
Phénomène d'enroulement de la vague sur elle-même, dû aux vitesses différentes qui animent des fractions de vague situées à des hauteurs différentes.

Scénario catastrophe

Lorsque le tsunami se forme au large, celui-ci passe quasiment inaperçu. Mais il se déplace rapidement vers des zones plus sensibles, parcourant des milliers de kilomètres à une vitesse proportionnelle à la hauteur d'eau des fonds. Dans le Pacifique par exemple, où la hauteur d'eau atteint 5 000 m,

En 1868, un séisme secoua les côtes chilienne et péruvienne. Celui-ci généra un énorme tsunami transpacifique, qui balaya le port d'Arica (Chili), détruit par la secousse quelques minutes avant.

Donner l'alarme

Dans le Pacifique, 26 États participent au Tsunami Warning System, un système chargé de donner l'alarme aux populations en cas de risque imminent de tsunami. Le centre, basé près d'Honolulu, à Hawaï, recueille les données des stations maritimes et sismologiques de tout le bassin Pacifique. Dès que des prémices d'un séisme se font sentir, il calcule et localise les risques de tsunamis. L'alerte est donnée aux navigateurs et aux populations côtières, qui peuvent alors se réfugier sur les hauteurs.

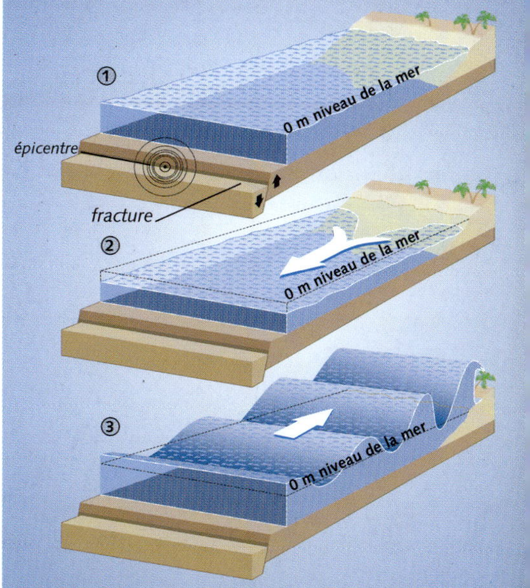

Un séisme provoque le déplacement vertical d'une colonne d'eau. La perturbation, quasiment imperceptible au large, s'amplifie en arrivant sur le littoral. La faible hauteur d'eau et les frottements génèrent une vague gigantesque.

les vagues déferlantes se déplacent à environ 800 km/h, séparées chacune d'environ 200 km. Près des côtes, la vitesse diminue mais la hauteur des vagues augmente. Elle atteint ainsi, 10, 20, voire 30 m ! Au Japon, en 1771, un séisme a provoqué la plus haute vague de tsunami jamais enregistrée : 84 m... En arrivant sur la côte, les vagues prennent une silhouette typique, sous l'effet d'un phénomène appelé réfraction : les différents « étages » de la vague ne sont pas soumis aux mêmes contraintes ; la crête, par exemple, se déplace plus vite que la base, freinée par les frottements et les turbulences qui se créent au contact des fonds. Ce sont les différences de vitesse de ces différents étages qui provoquent le repliement de la vague sur elle-même.
Sur le rivage, la mer se retire brusquement, avant de revenir sous la forme d'un mur liquide d'une puissance inimaginable. En 1883, l'éruption du Krakatau en Indonésie provoqua un terrible tsunami. Un navire militaire, le *Berow*, qui mouillait à proximité fut retrouvé à 3 km à l'intérieur des terres, 9 m au-dessus du niveau de la mer.

Échelle d'intensité d'Imamura et Iida

Magnitude	Dimension des vagues au large	Dimension des vagues à la côte	Effets
0	jusqu'à 0,10 m	1 m	Pas de préjudices.
1	jusqu'à 0,25 m	2 m	Maisons côtières et navires touchés.
2	jusqu'à 0,50 m	4-6 m	Destruction de bateaux, victimes possibles.
3	jusqu'à 1 m	10-20 m	Destructions sur 200 km de côtes.
4	jusqu'à 2 m	30 m	Destructions sur 500 km de côtes.

Insaisissable, l'air obéit à des lois physiques rigoureuses : il se déplace sous l'effet de la température, s'élevant avec le chaud, retombant avec le froid. Ces mouvements de convection, associés à la rotation de la Terre, sont à l'origine des vents. Les vents subissent de nombreuses influences (proximité d'un océan ou de montagnes, inclinaison du globe terrestre) qui conduisent à l'apparition de phénomènes parfois violents – tempêtes, orages, tornades, cyclones… Autant d'aléas climatiques que les simulations numériques cernent de mieux en mieux.

L'ouragan Georges, qui a frappé les îles Caraïbes puis la côte américaine en septembre 1998, a soufflé de façon continue à 240 km/h avec des rafales à 305 km/h.

Quand le vent s'affole

L'origine du vent

Le vent naît de la différence de température entre deux masses atmosphériques. Le globe terrestre en mouvement et les irrégularités géographiques contraignent ensuite son évolution.

L'air en mouvement

Que se passe-t-il quand on chauffe un mélange gazeux comme l'air ? Ses divers composants moléculaires – azote, oxygène, hydrogène et autres – s'agitent. Les chocs entre les molécules augmentent, si bien qu'elles s'éloignent les unes des autres : le mélange gazeux perd de sa densité. Un gaz chaud est donc moins dense, plus léger qu'un gaz froid. C'est ce principe qui gouverne l'apparition des vents.

Lorsqu'une masse d'air se réchauffe sous l'effet des rayons du soleil ou au contact d'un milieu chaud, elle s'allège, et monte. En altitude, la masse d'air se refroidit et descend de nouveau. Pendant ce temps, la Terre en rotation a légèrement pivoté sur elle-même. La masse d'air redescend ainsi plus à l'est si elle se trouve dans l'hémisphère Nord, plus à l'ouest si elle se situe dans l'hémisphère Sud.

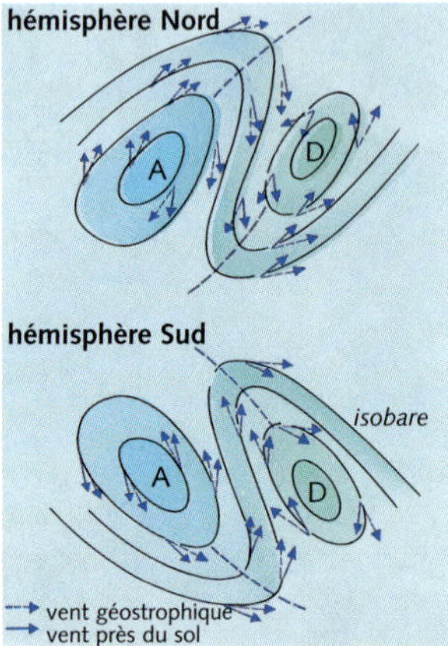

Les isobares relient les points de pression identiques. Dans l'hémisphère Nord, les vents près du sol tournent dans le sens des aiguilles d'une montre autour d'un anticyclone, et en sens inverse autour d'une dépression. Le phénomène contraire est observé dans l'hémisphère Sud.

Dépression dans l'hémisphère Nord.

Effet de fœhn

Lorsqu'une chaîne de montagnes contrarie un vent dominant, il se produit un « effet de fœhn » : la masse d'air s'accumule sur le flanc de la montagne et se refroidit. La vapeur d'eau qu'elle transporte se condense, provoquant des averses. En se détendant, la masse d'air monte, franchit la chaîne montagneuse, et redescend sur l'autre versant où, avec l'augmentation de sa pression, elle atteint une température bien supérieure à celle qu'elle avait, à même altitude, de l'autre côté de la montagne.

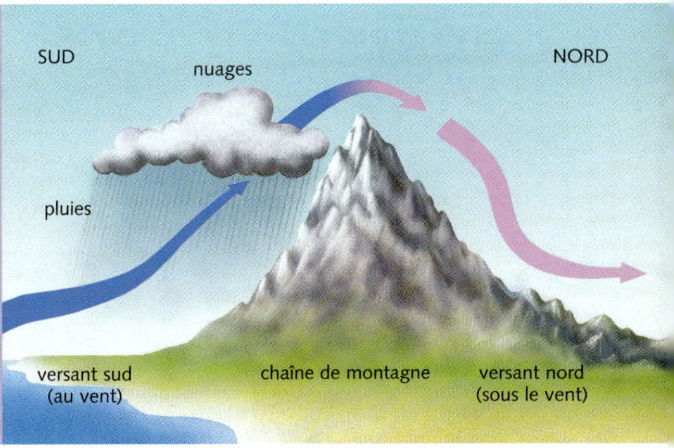

À l'endroit où l'air a été réchauffé, une zone de basse pression (ou dépression) s'est créée. Là où l'air froid descend apparaît à l'inverse une zone de haute pression (c'est-à-dire un anticyclone). Spontanément, un fluide tend à rétablir une pression homogène entre toutes ses parties : les masses d'air quittent donc les anticyclones pour aller vers les dépressions.Ces grands principes sont à la base des mouvements généraux de l'air, mais ils sont constamment contrariés par une quantité de phénomènes locaux dont les effets s'accumulent.

Carte *(pages suivantes)*

Si les cyclones tropicaux vont d'est en ouest, les tempêtes des régions tempérées soufflent en général d'ouest en est ; entre 35 et 70° de latitude, elles prennent une forme très violente dans l'hémisphère Sud (40es rugissants et 50es hurlants). Les tornades ont un caractère local : on en observe beaucoup aux États-Unis, mais elles concernent aussi d'autres régions du monde.

Vent marin

Une des perturbations locales principales provient des comportements thermiques différents du sol et de l'eau. Le sol change en effet rapidement de température, tandis que l'eau varie plus lentement : sa capacité thermique est plus grande. Le jour, et plus globalement tout l'été, les masses d'air océaniques sont moins chaudes que les masses d'air continentales. Cela se traduit par une entrée d'air humide depuis l'océan vers les terres (phénomène à l'origine des moussons africaine et asiatique). L'illustration la plus frappante de ce principe est l'alternance brise de mer-brise de terre : le vent souffle, le jour, depuis la mer vers l'intérieur des terres (où l'air se réchauffe plus vite) – c'est la brise de mer ; la brise de terre suit le chemin inverse la nuit, depuis la terre (rapidement refroidie) vers la mer.

Labyrinthe montagnard

Les montagnes constituent un obstacle majeur pour les masses d'air en mouvement. Suivant leur direction, les vents peuvent être déviés, considérablement ralentis, ou bien accélérés s'ils sont dirigés vers les goulots d'étranglement que constituent certaines vallées. Ces conditions particulières créent des systèmes de vents locaux, parfois très complexes.

Cyclones, tempêtes et tornades

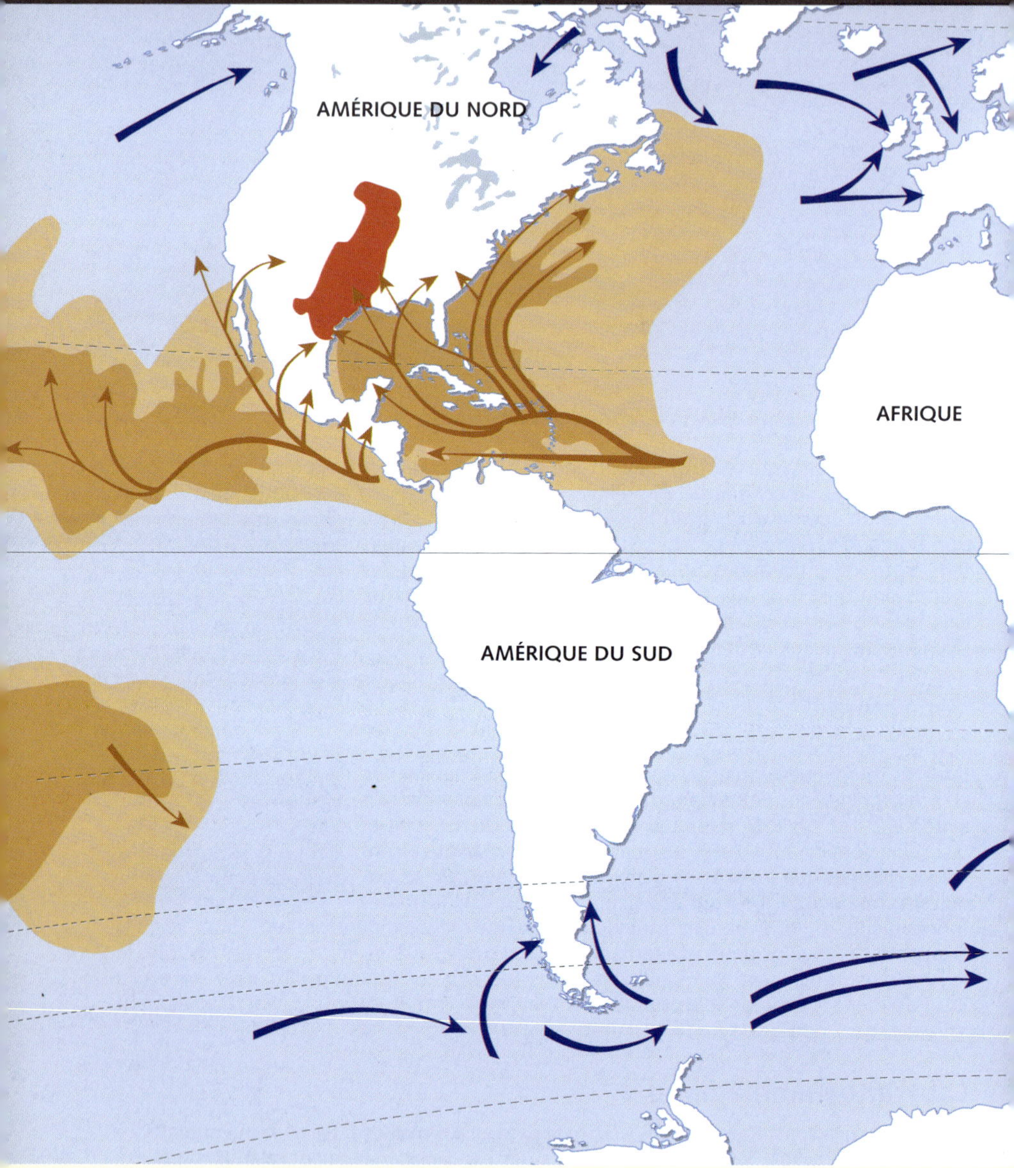

Zones des cyclones tropicaux :

- modérés
- forts ou très forts

Trajectoires des cyclones tropicaux

Trajectoires des tempêtes des zones tempérées

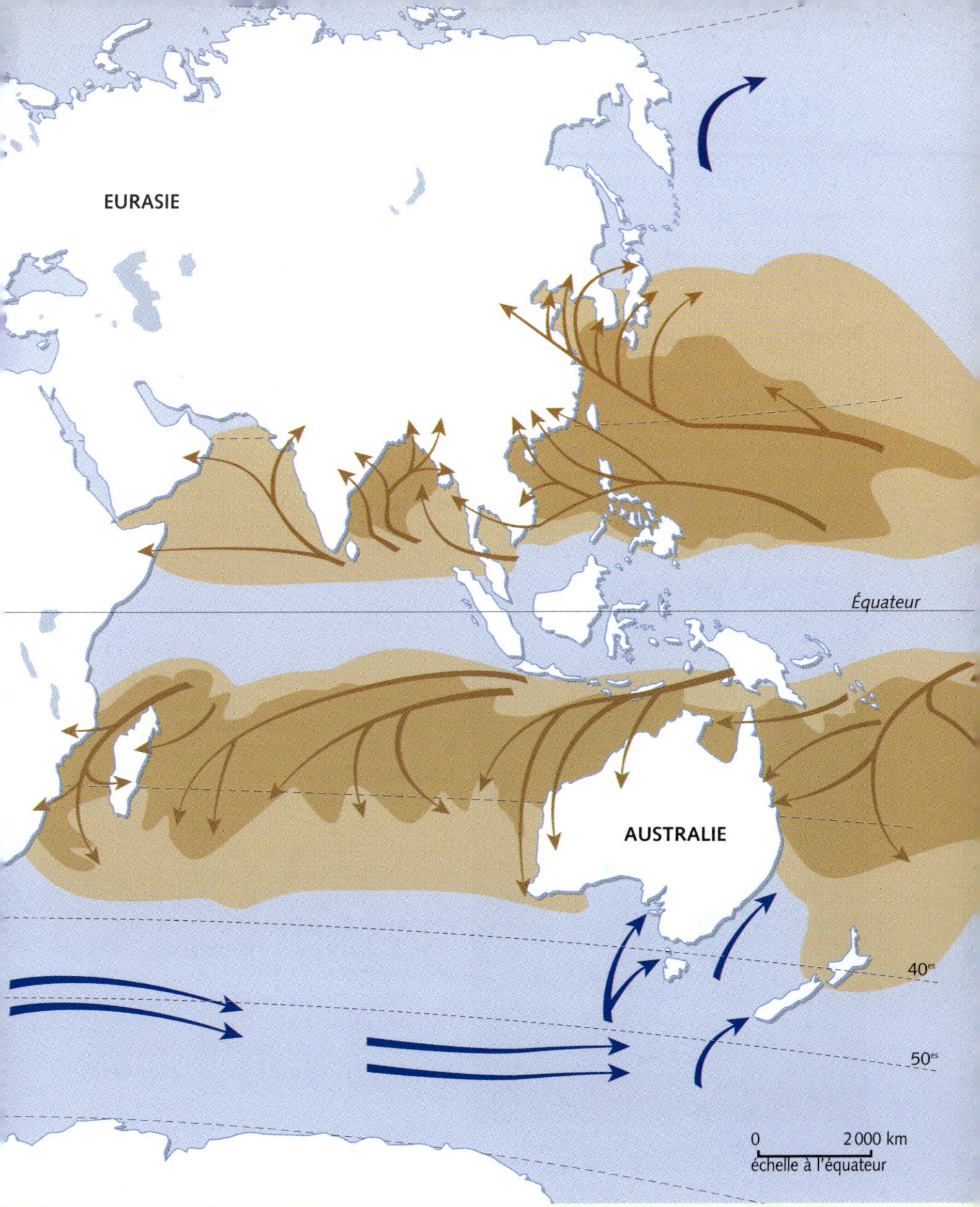

Zones de tornades

Quand l'orage tonne

Éclairs, tonnerre, pluies violentes : l'orage produit des phénomènes impressionnants. Son déclenchement nécessite des conditions bien particulières.

Formation d'un orage

Les orages surviennent généralement à la fin d'une journée particulièrement chaude. À ce moment-là, le sol libère de la vapeur d'eau qui s'élève dans l'atmosphère et qui gagne ainsi des régions plus froides, où elle se condense : l'eau passe d'un état gazeux à un état liquide, sous forme de minuscules gouttelettes en suspension dans l'air. Un nuage apparaît. Les gouttelettes à la base du nuage, plus chaudes et plus légères, ont tendance à monter. La condensation de la vapeur d'eau se poursuit. Or ce changement de phase libère de l'énergie, qui accélère les mouvements ascendants. Ceux-ci peuvent atteindre 160 km/h ! Le nuage gonfle jusqu'à devenir un énorme cumulo-nimbus, adoptant la forme verticale d'une immense tour. Les nombreuses gouttes d'eau qu'il contient arrêtent les rayons du Soleil et le font paraître très sombre. Son sommet peut atteindre une altitude de 8 à 15 km. À cette hauteur, les gouttelettes du nuage se sont agrégées, et ont parfois gelé. Alourdies, elles tombent, traversant la masse du nuage vers le bas. La friction entre les flux ascendants et les flux descendants crée de l'électricité. Des charges électriques s'accumulent. L'énergie enfermée dans certains nuages orageux est ainsi comparable à celle de plusieurs bombes de type Hiroshima ! Quand la différence de potentiel avec le sol est trop forte, le courant passe : c'est l'éclair.

LEXIQUE

[Condensation] Passage d'un état gazeux à un état liquide.

[Surfusion] Phénomène par lequel un corps reste liquide en dessous de sa température habituelle de solidification.

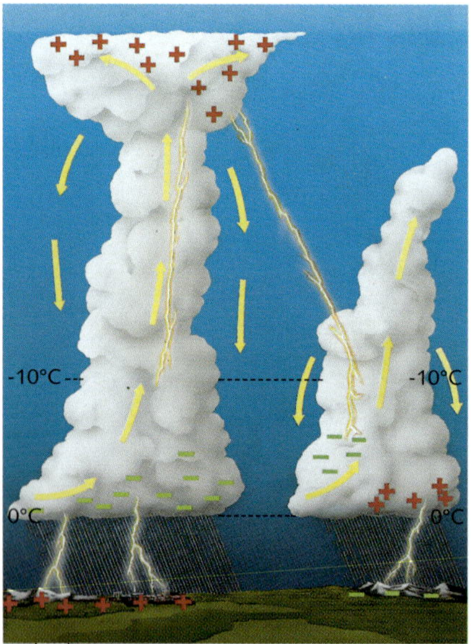

Les nuages hauts et électrisés qui se forment sont propices au passage de l'électricité, entre deux parties d'un même nuage, entre deux nuages, ou entre un nuage et le sol.

Déluge d'eau ou de grêle

Au sommet du nuage se sont accumulées de grosses gouttes d'eau, parfois gelées. Lorsqu'elles ont atteint un poids critique, elles finissent par tomber, traversant le

Les cumulo-nimbus peuvent atteindre 10 km de haut dans les régions tempérées et 16 à 17 km dans les régions intertropicales (ici, en Namibie).

nuage et provoquant des averses de pluie ou de grêle, parfois très violentes. Un orage déverse souvent plus de 50 à 100 l d'eau par mètre carré en quelques heures.
Ces précipitations font chuter la température de l'air, et le refroidissement ainsi localisé augmente la vitesse du vent. Ainsi, lors de l'orage qui s'est abattu sur l'aéroport de Toulouse-Blagnac le 7 août 1989, la température a chuté de 29 °C à 16 °C en 6 minutes, des grêlons de 3 cm ont martelé le tarmac tandis que le vent s'est mis à souffler à plus de 140 km/h !

Grêlons dévastateurs

En théorie, l'eau gèle à 0 °C. Il arrive toutefois qu'elle reste liquide, dans un état instable, à des températures très inférieures. Ce phénomène, appelé « surfusion », se rencontre par exemple dans les nuages orageux au sein desquels les gouttelettes d'eau affichent entre 0 et – 15 °C. Dès qu'elles entrent en contact avec un petit morceau de glace, elles gèlent à leur tour et s'ajoutent à sa masse. Le grêlon croît ainsi, pouvant atteindre plusieurs centimètres de diamètre. Lorsque son poids devient trop important, il chute. Rencontrant alors des températures plus élevées, il fond partiellement avant d'atteindre le sol.

Tonnerre : une bombe à retardement

L'éclair est une décharge électrique qui provoque un réchauffement subit et intense. L'air se dilate très rapidement, comme si une mini-bombe explosait. Il se forme une onde de choc, qui se propage jusqu'à faire vibrer les tympans : c'est le tonnerre. Comme cette onde voyage plus lentement que la lumière, les coups de tonnerre nous parviennent avec un temps de retard sur la perception de l'éclair qui leur a donné naissance.

L'origine des cyclones

À la fin de l'été, le contact entre l'eau de mer encore chaude et une atmosphère déjà refroidie génère une énergie colossale, à l'origine de cyclones parfois dévastateurs.

Portrait d'un tueur

LEXIQUE

[Force de Coriolis] Force due à la rotation de la Terre, qui a pour effet de dévier tout objet en mouvement vers sa droite dans l'hémisphère Nord, vers sa gauche dans l'hémisphère Sud.

Un cyclone tropical est une perturbation tourbillonnaire qui naît dans la zone située entre le tropique du Cancer et le tropique du Capricorne, en excluant une bande de 500 km de part et d'autre de l'équateur. On parle de « dépression tropicale » si la vitesse du vent est inférieure à 62 km/h, de « tempête tropicale » pour une vitesse comprise entre 62 et 117 km/h. Le terme d'« ouragan » est réservé aux cyclones particulièrement violents, dont les vents dépassent 117 km/h. On recense une cinquantaine d'ouragans par an, dont 70 % affectent l'hémisphère Nord. Les plus violents concernent le nord-ouest du Pacifique. Un ouragan se caractérise par une grande masse nuageuse de 500 à 1 000 km de rayon, qui s'enroule en spirale autour d'un « œil » large de 10 à 50 km. À l'intérieur de l'œil du cyclone, le vent est faible et la pression minimale. Autour, des vents et des précipitations intenses sévissent.

Naissance en mer

Les cyclones naissent de la différence de comportement thermique de l'eau et de l'air. À la fin de l'été, alors que l'eau, ayant emmagasiné la chaleur du Soleil pendant des mois, dépasse 26 °C, l'air, qui réagit beaucoup plus rapidement aux changements de température, se rafraîchit déjà. La vapeur d'eau libérée par l'océan se condense alors rapidement au contact de l'air. La condensation, phénomène chimique libérateur d'énergie, est capable de fournir pour le fonctionnement d'un cyclone une quantité d'énergie supérieure à la production d'énergie électrique annuelle des États-Unis ! Cette énergie réchauffe l'air, produisant une zone de très faible pression près de la surface de l'océan, dépression dans laquelle l'air environnant s'engouffre pour la combler. De plus, l'air est soumis à la force de Coriolis, force engendrée par la rotation de la Terre et qui entraîne les fluides en mouvement

Les trois spirales blanches, à l'œil bien visible, indiquent les positions du cyclone Andrew les 23, 24 et 25 août 1992, pénétrant dans le golfe de Mexico avant d'atteindre les côtes de la Floride.

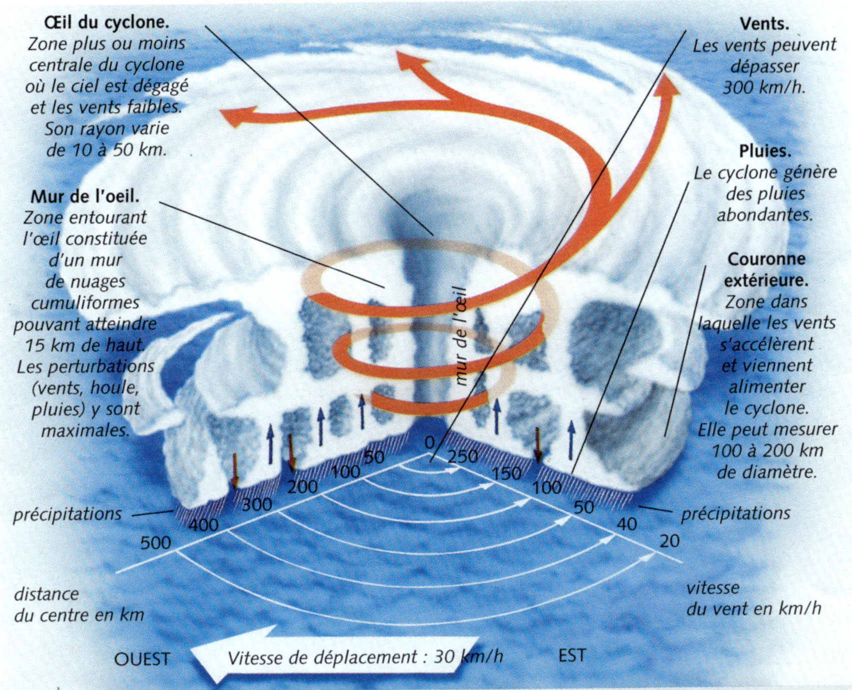

Coupe d'un cyclone. Un cyclone se déplace en général de l'est vers l'ouest avec une vitesse moyenne d'environ 30 km/h.Lors de son passage, la forte dépression peut élever le niveau de la mer de 3 à 8 m.

vers la droite dans l'hémisphère Nord, vers la gauche dans l'hémisphère Sud. Le mouvement descendant dû à la dépression, combiné à la force de Coriolis, se transforme en tourbillon. Les vents et la force de Coriolis se chargent ensuite de déplacer le phénomène cyclonique, suivant un parcours souvent parabolique, mais parfois atypique : certains ouragans peuvent changer brutalement de direction, voire même effectuer des boucles ou rebrousser chemin. L'intensité du cyclone diminue dès qu'il quitte l'océan pour passer au-dessus d'une zone continentale, ce qui explique que les dégâts qu'il provoque se trouvent limités à 200 km à l'intérieur des côtes.

Des effets multiples

Les ouragans s'accompagnent de vents soufflant à plus de 120 km/h, capables de déraciner les arbres et d'abattre des constructions. Ils peuvent dégénérer en tornades plus localisées. Les pluies torrentielles qui les accompagnent peuvent également être à l'origine de redoutables glissements de terrain. Mais le phénomène le plus meurtrier associé aux ouragans est la marée de tempête : il s'agit d'une élévation anormale du niveau de la mer causée par la dépression, laquelle agit comme une énorme ventouse sur la surface de l'eau. Une marée de cette sorte a causé la mort de 300 000 personnes au Bangladesh en 1970, et de 10 000 autres en Inde en 1999.

Les grands cyclones de l'histoire

Certaines régions connaissent chaque année une saison des cyclones. Sous les tropiques, les îles et les régions côtières gardent en mémoire les plus dramatiques d'entre eux.

Le cyclone de Bathurst Bay

Le 4 mars 1899, le cyclone Mahina aborde les côtes australiennes. Les témoignages de l'époque évoquent une marée de tempête exceptionnelle : 14 m dans la baie de Bathurst (Bathurst Bay). L'immense vague engloutit 152 bateaux et plus de 300 marins. Des navires et des animaux (parmi lesquels des dauphins) seront retrouvés à plusieurs kilomètres à l'intérieur des terres, et à plusieurs mètres d'altitude. Une centaine d'aborigènes habitant la forêt toute proche décèdent également.

Le Bangladesh périodiquement touché

Le Bangladesh subit régulièrement les assauts de cyclones venus de la baie du Bengale. Dans ce pays, 1971, 1977 et 1999 sont des années noires. Mais le cyclone le plus destructeur fut celui de 1970, au cours duquel entre 300 000 et un million de personnes périrent. La région, surpeuplée en raison de l'agriculture (rizières), fut entièrement dévastée ; les cultures et les infrastructures de la côte furent balayées. Ce cyclone et la guerre d'indépendance qui suivit inscrivirent le pays nouveau-né sur la liste des plus pauvres de la planète. Au début des années 1990, le gouvernement entreprit avec l'aide d'organisations occidentales la construction de nombreux abris anticycloniques.

Le cyclone Andrew est sans doute celui qui causa le plus de dommages matériels de toute l'histoire. Le coût de son passage en 1992 sur les Bahamas, la Floride et la Louisiane est estimé à 30 milliards de dollars.

LEXIQUE

[Typhon]
Appellation des cyclones en Extrême-Orient.

Entre 1973 et 1997, le Bangladesh a subi trois tempêtes, quatre inondations, un tsunami et deux cyclones, totalisant plus de 400 000 morts et 42 millions de sinistrés (ici, après le cyclone et le raz-de-marée d'avril 1991).

Hugo, de sinistre mémoire

Le 9 septembre 1989, un amas de cumulo-nimbus, inoffensif, quitte le continent africain au niveau du Sénégal. Deux jours plus tard, ces nuages ont donné une dépression tropicale qui, passant au sud-est des îles du Cap-Vert, va bientôt se transformer en un ouragan : Hugo.

Ce cyclone fait partie de la nombreuse famille des cyclones capverdiens qui naissent d'une instabilité de la couche basse de la troposphère (appelée « ondes d'est africaines »), due au contraste thermique entre la chaleur au-dessus du Sahara et la fraîcheur du golfe de Guinée. L'ouragan mettra 7 jours à traverser l'Atlantique.

Il abordera la Guadeloupe le 16 septembre. Malgré la destruction de la station météorologique de l'île, des mesures purent être effectuées : on estime que les vents, globalement de 220 km/h, ont pu atteindre en rafale 300 km/h, détruisant tout sur leur passage. Une marée cyclonique de 3 m a été enregistrée, qui a transporté des bateaux jusqu'à 2,50 m au-dessus du niveau de la mer. L'ouragan déclinera rapidement après avoir abordé la Caroline du Sud le 22 septembre.

Tristes records

- Le cyclone le plus intense, c'est-à-dire ayant généré les vents les plus forts jamais enregistrés, fut le typhon Tip, avec des vents atteignant 305 km/h (nord-ouest de l'océan Pacifique, 12 octobre 1979). Tip est aussi considéré comme le plus gros des cyclones, avec des vents dépassant 60 km/h s'étalant sur un diamètre de 2 200 km.
- Le typhon Forrest, qui balaya la même zone en septembre 1983, détient quant à lui le record de la plus rapide intensification : les vents les plus forts passèrent de 120 à 285 km/h en 24 heures.
- La marée de tempête la plus haute fut celle provoquée par le cyclone de Bathurst Bay (Australie), en 1899 : 14 m.
- Le cyclone John, qui a évolué dans le bassin boréal de l'océan Pacifique en août et en septembre 1994, a eu quant à lui une durée de vie exceptionnelle : 31 jours.

Les tempêtes

Les tropiques ont leurs cyclones, et les régions tempérées leurs tempêtes. Des tempêtes qui éclatent sur le continent après avoir emprunté des couloirs océaniques très particuliers.

La rencontre du chaud et du froid

Les tempêtes naissent de petites perturbations qui se créent à la frontière entre deux masses d'air de températures différentes. Les masses d'air sont des zones de l'atmosphère relativement homogènes en température et en pression. Une masse d'air chaud contient plus de vapeur d'eau qu'une masse d'air froid et se caractérise par une pression plus basse. Les zones de transition brutales entre deux masses d'air sont appelées des « fronts atmosphériques ». Lorsqu'un tel front subit des perturbations, il peut se créer des tourbillons, ce qui se traduit par des vents forts. Parallèlement, l'humidité de la masse chaude se condense au contact du front froid, provoquant des précipitations. À la fin de l'automne, il existe un fort contraste de température entre les masses d'air tropicales, chauffées par l'océan, et les masses polaires, déjà très froides. Ce contraste déstabilise le front et génère des perturbations.

Cette image satellite colorée montre une importante tempête formée dans le détroit de Bering, au-dessus de la péninsule du Kamtchatka le 2 avril 1978.

Comme sur des rails

Les tempêtes naissent loin de la zone où elles explosent. Par exemple, les tempêtes qui frappent l'Europe proviennent de perturbations apparues du côté de Terre-Neuve ; celles-ci traversent l'Atlantique en quelques jours, en suivant un couloir de progression qui longe plus ou moins le 50e parallèle. Un tel couloir, appelé « rail », fonctionne un peu comme un tapis roulant dont le moteur serait situé à 9 km en altitude : ce sont les courants-jets, des tubes de

La tempête du siècle

Le 26 décembre 1999, une très profonde dépression traverse le nord de l'Europe, en se déplaçant à une vitesse de 100 km/h. Jamais les archives de Météo France n'avaient enregistré une telle violence, avec des vents soufflant souvent à plus de 150 km/h (184 km/h à l'île d'Ouessant). Cette tempête a surpris tout le monde par sa violence, mais aussi par sa rapidité (traversée de l'Atlantique en 24 heures !). Après avoir parcouru le nord de la France, elle franchit les frontières allemande et suisse pour venir mourir en Autriche. Les dégâts sont considérables dans les différents pays touchés, qui recensent environ 150 décès, des forêts entières dévastées, des monuments historiques atteints. En République tchèque, des routes sont bloquées sous une tempête de neige. Déjà violente sur les côtes, la tempête s'est accentuée sur terre, probablement en raison d'une interaction directe avec les courants-jets d'altitude, qui étaient proches de 400 km/h.

Le 29 décembre 1999, 4 jours après la tempête qui a balayé la France, la forêt de Haye près de Nancy (France) est dévastée.

vents très forts capables de fournir aux dépressions voyageuses de l'énergie pour progresser, pour éventuellement s'amplifier et, le cas échéant, exploser sur le continent. Les rails fonctionnent comme le lit d'une rivière : à leur entrée, à l'ouest, le vent s'accélère comme dans une zone de confluence. À la sortie, à l'est, le courant s'étale et les vitesses diminuent.

Les tempêtes se suivent sur ces rails au rythme de une par jour en hiver. Mais la plupart se perdent en mer.

Les rails, relativement constants, sont modulés par les dépressions qu'ils transportent. Ainsi, le rail Atlantique peut aboutir sur l'Angleterre, mais parfois aussi se prolonger jusqu'en Allemagne, ou se scinder en deux branches. Parce que le rail apporte de l'humidité aux régions traversées, sa structure détermine le type d'hiver qui va s'installer sur les différents pays : doux et humide, ou sec et froid.

Lorsque, par exemple, le rail se dirige vers la France, il provoque généralement des tempêtes qui traversent le pays en 3 jours sous une orientation sud-ouest-nord-est, avec une vitesse de l'ordre de 50 km/h. Ces tempêtes durent entre quelques jours et une semaine.

Les tornades

Nées d'une instabilité locale, les tornades peuvent s'avérer très violentes malgré leur petite taille. Une taille qui les rend quasiment imprévisibles.

Entre ciel et terre

Une tornade est une colonne d'air qui tourne violemment. Ce tourbillon, qui se déplace sur le sol, est relié à un nuage. Il s'agit en général d'un nuage d'orage, un cumulonimbus. La tornade tire son énergie de la tension créée par des conditions de température, de pression et d'humidité extrêmement différentes entre le nuage et la surface du sol. Ces différences conduisent en effet l'air sous pression à s'engouffrer dans les zones de basse pression en tourbillonnant. Les vents ainsi créés soufflent le plus souvent à moins de 160 km/h, mais peuvent exceptionnellement dépasser 400 km/h.

Les tornades, de petite taille, libèrent l'énergie d'une tension née entre la terre et l'atmosphère.

Les tornades se distinguent d'autres phénomènes du même genre par le fait qu'elles sont très localisées, et qu'elles se développent à petite échelle : elles se déplacent généralement sur quelques kilomètres le long du sol et leur diamètre reste inférieur à 100 m. Certaines cependant, monstrueuses, restent en contact avec le sol sur plus de 80 km et atteignent 1 km de largeur.

La formation d'une tornade

Plusieurs ingrédients permettent la formation d'une tornade : une humidité importante au sol, l'arrivée d'une masse d'air sec et une atmosphère instable (c'est-à-dire une atmosphère dans laquelle la température chute rapidement avec l'altitude).

L'air chaud et humide est propulsé en hauteur par l'arrivée du front sec et froid. Il gagne rapidement en altitude, et commence à saturer sous l'effet de la chute de température. L'eau de la masse chaude se condense, forme un nuage chargé de gouttelettes. Cette ascension rapide provoque une brusque dépression sous le nuage, dans laquelle les vents s'engouffrent en tourbillonnant. Il se forme une ou plusieurs tornades à l'aplomb du nuage. Celles-ci peuvent être visibles (comme si elles étaient constituées de fumée), ou quasiment invisibles. Dans ce cas, elles se trahissent uniquement par des ronds de poussière au sol.

Les tornades peuvent s'associer à des tempêtes locales. Elles prennent alors de l'ampleur et perdurent plus longtemps.

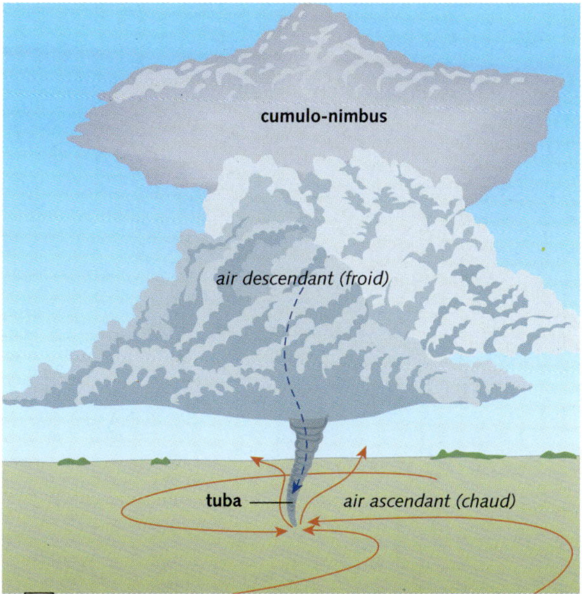

Au contact d'une masse d'air froid, l'air chaud forme un tourbillon ascendant dans lequel s'engouffre l'air froid descendant.

Des phénomènes difficiles à prévoir

Les modèles numériques utilisés par les logiciels des météorologistes fonctionnent à partir d'un maillage du territoire relativement large (plusieurs kilomètres). À cette échelle, les tornades sont invisibles.

Les prévisionnistes en sont donc réduits à surveiller la manifestation de conditions susceptibles de conduire à l'apparition de ces phénomènes. Ainsi, le golfe du Mexique est une zone sensible. L'océan, qui réchauffe l'atmosphère, produit un air chaud et humide. Les montagnes et les déserts de l'intérieur génèrent au contraire des masses d'air très sec. Lorsque ces deux masses se rencontrent, il se forme un front appelé « ligne sèche », très favorable au développement de tornades importantes.

Les diables des sables

L'air sec et chaud au-dessus du désert est à l'origine de bien curieuses manifestations. En milieu de journée, l'air très sec peut être perturbé par une brise légère du désert. Leur association est à l'origine de mini-tornades, tourbillons de poussière et de sable. Sans danger, car les vents y dépassent rarement 50 km/h, ces toutes petites tornades peuvent cependant faire forte impression sur les esprits, déjà surchauffés, des voyageurs.

La Terre porte, depuis sa création, 1 370 millions de km³ d'eau. Cette eau est à 97 % salée, constituant les océans et les mers. Les 3 % restants sont en grande partie pris dans les glaces, aux pôles ou au sommet des montagnes. L'eau douce liquide (nappes souterraines, humidité du sol, lacs, rivières...) représente moins de 1 % du volume de l'eau sur terre.L'eau est à l'origine de la vie. Sa puissance, qui suscite l'admiration aux chutes Victoria ou au bord de l'océan à marée montante, constitue aussi un danger potentiel. Les crues récentes, causes d'inondations destructrices, nous le rappellent.

Les chutes du Niagara déversent 6962 m³ d'eau par seconde. Hautes de 50 m, ellles ont creusé un bassin de 60 m de profondeur dans la roche.

La furie des eaux

Les crues, causes des inondations

La plupart des pays subissent régulièrement des inondations, provoquées par la crue soudaine d'un cours d'eau. Un phénomène qui semble s'amplifier dans les régions tempérées.

Un risque universel

L'inondation est la conséquence de la crue d'un cours d'eau et correspond à la submersion d'une zone, parfois habitée. Au cours de la crue, le débit du cours d'eau augmente rapidement, dépassant plusieurs fois le débit moyen.

Les inondations constituent plus de la moitié des catastrophes naturelles et tuent en moyenne 20 000 personnes par an dans le monde. Les dégâts matériels sont toujours très importants. Les crues et les inondations touchent la plupart des pays de la zone tempérée et la quasi-totalité des pays des zones tropicales et subtropicales. Les plus catastrophiques concernent l'Asie, lors des périodes annuelles de mousson. L'air sec qui surplombe l'Himalaya crée une forte dépression qui attire l'air humide de la mer. Lorsque cette masse d'air rencontre la chaîne montagneuse, elle prend de l'altitude et se condense sous l'effet du froid. Les pluies de mousson éclatent alors, déversant parfois plus de 1 000 mm d'eau par jour dans la plaine.

Le 17 août 2002, la cité historique de Dresde (Allemagne) est sous l'eau. Gonflé par les pluies continuelles qui sévissent depuis plusieurs jours, l'Elbe se stabilise à 9,40 m.

L'eau se concentre dans les bassins versants

Les crues importantes ont des causes diverses : la fonte des neiges au printemps dans les régions montagneuses (on parle alors de régime nival), la fonte des glaciers dans un bassin d'altitude (régime glaciaire) ou de fortes précipitations (régime pluvial, le plus courant).
On appelle bassin versant d'un cours d'eau l'ensemble du territoire qui recueille l'eau de pluie pour la concentrer dans ce cours d'eau. Les bassins versants des affluents d'une même rivière se conjuguent pour donner le bassin de la rivière. De même, la réunion de tous les bassins versants des rivières affluentes d'un fleuve forme le bassin versant du fleuve.
Lorsque de fortes précipitations ont lieu, l'ensemble des cours d'eau du bassin versant, en crue, concentre l'eau de pluie dans la rivière principale, dont le niveau monte aussi. La rapidité de la crue est influencée par la morphologie du bassin versant. La concentration des eaux dans un bassin versant long et étroit sera assez lente.
En revanche, un bassin versant petit et circulaire générera une crue très rapide.

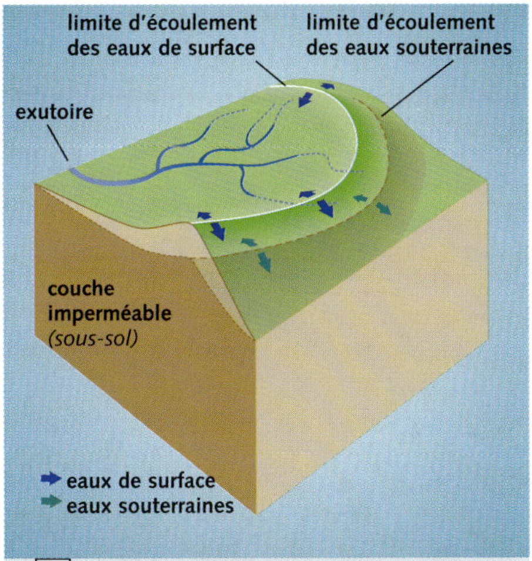

Le bassin versant, ou bassin hydrographique, est la zone de ruissellement des eaux qui vont se réunir dans le lit du cours d'eau.
La région où les eaux de surface quittent le bassin versant est l'exutoire.

Zones inondables

L'eau de pluie qui s'abat sur une région ne vient pas forcément grossir les cours d'eau. Une grande partie retourne à l'atmosphère par évaporation. Une autre s'infiltre dans le sol, où elle rejoint une nappe phréatique. Elle peut d'ailleurs ressortir plus loin à l'occasion d'une résurgence. Le reste ruisselle et finit par rejoindre une rivière. Suivant l'intensité des précipitations, la température, le relief et la nature des sols, les proportions de ces différents types d'évacuation peuvent varier sensiblement.

Davantage d'inondations ?

L'activité humaine modifie le climat en profondeur. On lui impute aujourd'hui, du moins partiellement, le réchauffement planétaire. Or celui-ci peut être à l'origine d'inondations par divers biais : l'augmentation des pluies, la montée du niveau de la mer, ou la modification du couvert végétal qui perturbe le débit général des cours d'eau. Dans les régions tempérées, les spécialistes prévoient que l'augmentation de température conduira à une amplification des périodes de sécheresses, alternant avec des périodes d'inondations.

Carte *(pages suivantes)*

Les plus grands bassins fluviaux de la planète, formés par les grands fleuves et tous les affluents, petits ou grands, qui les alimentent, se situent au sein de continents importants. Dans certaines conditions géologiques, des retenues d'eau peuvent localement se former et engendrer des lacs.
Les accidents du relief d'origines diverses (séismes, volcans, glaciers, érosion) sont responsables des chutes d'eau et des cataractes, parfois spectaculaires.

Fleuves, lacs et chutes d'eau

Grands lacs (supérieurs à 5 500 km²)

Grands fleuves (plus de 1 000 km de long)

Chutes d'eau remarquables

Grands bassins hydrographiques

*** La superficie du lac Tchad varie selon le débit du fleuve qui l'alimente (le Chari).**

Facteurs aggravants

De nombreux facteurs peuvent aggraver une inondation, en augmentant la proportion d'eau qui ruisselle ou en facilitant la formation de « laves torrentielles », des coulées de boues très dangereuses. Les surfaces imperméables (routes, parkings, etc.) augmentent ainsi le ruissellement. Les zones cultivées aussi : le sol est tassé par le passage de lourds engins et faiblement drainé par les végétaux qui ne s'enracinent qu'en surface. Peu perméables, les sols cultivés s'avèrent, en outre, sensibles à l'érosion. Par ailleurs, la destruction de zones inondables en amont des zones habitées supprime des zones propices à l'épandage du surplus de la crue. Paradoxalement, les digues que l'on construit par mesure de protection fonctionnent parfois comme un goulot d'étranglement : le débit de la rivière augmente, et l'inondation qui se produit en aval est aggravée. Des barrages mal entretenus peuvent également engendrer des événements dramatiques. En cas de rupture, l'eau déferlera en aval avec une violence et une rapidité bien supérieures à ce qu'elles auraient été sans la présence du barrage.

LEXIQUE

[Débit]
Quantité d'eau qui s'écoule à un moment donné dans un intervalle de temps donné. Le débit se mesure en mètre cube par seconde.

[Bassin versant]
Région drainée par un cours d'eau et tous ses affluents.

Prévenir les risques

Il est impossible de supprimer les crues. On peut cependant s'efforcer de minimiser la quantité d'eau conduite à la rivière et empêcher l'aggravation de l'inondation par des facteurs secondaires.

Le 28 janvier 2002, le village de Thivencelles (France) se réveille les pieds dans l'eau. Une brèche survenue dans la nuit sur la digue d'un cours d'eau a inondé une soixantaine de maisons aux alentours.

Dans l'île de Makeshkali, au Bangladesh, les habitants se protègent des inondations en édifiant des murs de barrage le long de la côte.

La prévention du danger nécessite une très bonne connaissance du terrain, de sa composition, de sa morphologie, ainsi que le suivi constant des constructions : les barrages, notamment, doivent être correctement implantés et entretenus ; il faut aussi bannir les constructions dans les zones inondables. Les lits des cours d'eau doivent être dragués, voire approfondis, car, au fil des années, des alluvions se déposent au fond et élèvent le niveau de l'eau. Par ailleurs, les berges à l'abandon peuvent être dangereuses : en sortant de son lit, la rivière en crue se met à charrier des troncs d'arbres morts et d'autres détritus qui vont obstruer son cours. On parle alors d'« embâcle » : celle-ci précède en général une débâcle très violente, quand la pression de l'eau évacue le bouchon. Pour pallier ce genre de problèmes, dans certains pays (les États-Unis par exemple), des zones inondables artificielles ont été créées autour de certaines rivières. Mais le reboisement reste toutefois une action essentielle pour augmenter les capacités d'infiltration des sols et éviter l'érosion, notamment en montagne. Pour les mêmes raisons, on conseille aux agriculteurs de laisser les résidus des récoltes en champs, ou de planter une couverture végétale d'hiver. Enfin, les sites pollués susceptibles d'être inondés doivent être nettoyés, pour éviter de disperser la pollution.

Lave torrentielle

Une rivière en crue finit par sortir de son lit. Animée d'une grande vitesse, l'eau déferle sur des terrains qui peuvent s'avérer très sensibles à l'érosion. La rivière se met alors à charrier de nombreux débris : pierres, graviers, blocs, alluvions, etc. Il se forme une lave torrentielle, c'est-à-dire une coulée de boue et de cailloux extrêmement dangereuse pour les hommes et dévastatrice pour les habitations et les ouvrages d'art.

Chutes d'eau et cascades

Les chutes d'eau constituent un des spectacles naturels les plus merveilleux. Mais leur formidable pouvoir d'érosion les voue, à très long terme, à la disparition.

Formation d'une chute d'eau

Une chute d'eau correspond à la rupture brutale du lit d'un cours d'eau, qui tombe à la verticale en contrebas. On réserve le terme de cascade à de petites chutes, et celui de cataracte aux chutes charriant un volume d'eau très important, comme celles du Niagara ou celles d'Iguaçu.

Les chutes d'eau peuvent avoir des origines différentes. Certaines sont dues à une discordance naturelle du lit de la rivière, creusé par un ancien glacier ou par une faille sismique. C'est le cas par exemple des chutes du Niagara, dont le lit a emprunté une marche naturelle formée il y a environ 15 000 ans lorsque, les glaces se retirant, la croûte terrestre allégée est remontée. D'autres ont creusé elles-mêmes la marche, en érodant leur lit de manière inégale en raison de la juxtaposition d'une roche dure et d'une roche fragile. D'autres enfin ont vu leur lit se creuser brusquement à l'occasion d'une éruption volcanique (telles les chutes Victoria, sur le Zambèze), d'un séisme ou de la construction d'un barrage.

Le destin d'une chute

Les chutes d'eau ont un pouvoir d'érosion très fort. Le courant, qui entraîne avec lui du sable et des petits cailloux, agit comme un abrasif sur le lit de la rivière.

Le pouvoir d'érosion dépend principalement de la hauteur de la chute, du débit de la rivière et du type de roche à laquelle elle s'attaque. L'érosion est particulièrement exacerbée au pied de la chute, où l'eau libère une grande quantité d'énergie cinétique que lui procure sa vitesse. Il se forme ainsi un grand bassin, dont la profondeur peut dépasser la hauteur de la chute. L'eau creuse également la roche derrière la chute, et mine ainsi la base de la masse rocheuse en surplomb. Si l'érosion est assez forte, et la roche à cet endroit assez fragile, la marche qui soutient la chute d'eau s'effondre.

Ce processus d'érosion entre en concurrence avec un autre, qui ronge l'arête d'où l'eau se déverse. Cette arête rocheuse rétrograde ainsi petit à petit

Éden pour la vie aquatique

Au moment de sa chute, l'eau sous forme de gouttelettes et de vapeur établit un contact privilégié avec l'atmosphère. Puis, lorsqu'elle reprend son cours normal, les remous augmentent considérablement la quantité de gaz dissous dans l'eau. Or les poissons ont besoin d'oxygène pour respirer. Les bactéries aérobies, qui absorbent et dégradent la matière organique en suspension et de nombreux déchets, se nourrissent également d'oxygène. Les végétaux et le phytoplancton utilisent quant à eux le dioxyde de carbone pour effectuer la photosynthèse et se développer. En leur apportant ces gaz en abondance, les chutes d'eau donnent un véritable coup de fouet à la vie aquatique.

Frontière naturelle entre la Zambie et le Zimbabwe, le Zambèze précipite 545 millions de litres d'eau à la minute d'une hauteur de 108 m, formant un nuage de vapeur qui s'élève jusqu'à 500 m dans le ciel.

vers l'amont de la rivière. En contrebas se forment alors une succession de bassins, correspondant chacun à une période de stabilité de la chute. On peut observer de telles séries aux chutes du Niagara, au niveau de Horseshoe Falls.
Le profil de la chute évolue donc constamment. Au fil des siècles, l'érosion conduit la rivière à adopter un régime plus doux : les irrégularités s'estompent alors petit à petit, et la chute finit par disparaître complètement.

Les marées

Les marées rythment la vie des côtes océaniques.
Elles sont générées par la gravitation et par la force centrifuge
qui agissent sur la planète.

Sous l'influence des astres

Chaque jour, au bord de l'océan, l'eau monte puis se retire. C'est ce que l'on appelle la marée. Lorsque le niveau de la mer atteint son maximum (elle recouvre alors une partie de la côte), on parle de haute mer ; à son minimum, on parle de basse mer.

Au Mont-Saint-Michel, les marées atteignent une amplitude exceptionnelle (environ 14 m). Mais elles charrient des quantités considérables de sédiments (700 000 m^3 par an), qui ensablent la baie et rattachent jour après jour l'île au continent.

L'océan subit l'influence des astres, obéissant à la force de gravité qu'ils engendrent. La gravitation est une loi fondamentale de la physique, selon laquelle tous les corps matériels s'attirent d'une force proportionnelle à leur masse et inversement proportionnelle au carré de la distance qui les sépare. En d'autres termes, plus les corps sont lourds, ou plus ils sont proches, et plus la gravité est forte. La Terre subit principalement les influences de la Lune – astre léger mais très proche – et du Soleil – étoile plus lointaine mais massive. La combinaison de ces deux influences donne une force qui varie selon les positions respectives de la Terre, de la Lune et du Soleil.
Cette force s'applique en tout point de la Terre, mais décroît avec la distance. Elle sera donc particulièrement forte en un point de la surface, appelé « point zénithal », puis décroîtra pour atteindre un minimum au point diamétralement opposé, le « point nadiral ».
L'effet principal de cette force consiste à attirer la surface déformable de l'eau, en faisant monter le niveau au point zénithal.

LEXIQUE

[Gravitation]
Force responsable de l'attraction de tous les corps matériels, proportionnelle à leur masse et inversement proportionnelle au carré de la distance qui les sépare.

Un tour en 24 heures et 50 minutes

L'influence de la Lune étant prépondérante (plus de deux fois celle du Soleil), le point zénithal effectue, comme elle, une rotation autour de la Terre par jour. Plus exactement, en 24 heures 50 minutes. La Lune boucle en effet son orbite autour de la Terre en 29 jours 12 heures et 44 minutes. En 24 heures, le temps nécessaire à la Terre pour effectuer un tour sur elle-même, elle a donc parcouru un angle de 13°. Pour qu'une pleine mer zénithale se reproduise en un point précis, il faut donc que la Terre effectue un tour plus environ 13°, ce qu'elle fait en 24 heures et 50 minutes.

Force centrifuge

La gravité ne suffit pas à décrire le phénomène de marée. Cette force attire les astres entre eux, et s'ils n'entrent pas en collision, c'est qu'une autre force, opposée à la gravité générée par la rotation des objets célestes, la compense : la force centrifuge. Au point nadiral, on observe donc une attraction de la surface liquide de la planète, opposée à celle du point zénithal. La marée est ainsi le résultat de l'action combinée de la gravité et de la force centrifuge.

La marée perturbée

Si la Terre était uniformément recouverte d'eau, la marée se traduirait par une pleine mer aux points zénithal et nadiral. La planète prendrait alors grossièrement l'allure d'un ballon de rugby, dont les sommets feraient le tour du

Le danger des mascarets

Dans certains estuaires, la marée montante génère une série de vagues déferlantes qui remontent le cours des fleuves. Ces vagues, mesurant en moyenne 2,50 m de haut, sont dangereuses pour la navigation. Elles se produisent lors d'une forte marée dans des estuaires dont la configuration est particulière (60 sites ont été répertoriés dans le monde). Le lit du fleuve doit être en pente douce pour permettre la propagation de la vague, l'estuaire en forme d'entonnoir pour concentrer l'effet de marée, le fleuve à bas niveau : la montée soudaine des eaux ne peut alors être absorbée. Au Brésil, l'Amazone connaît des mascarets remontant sur plus de 1 000 km à l'intérieur des terres. C'est le Mékong qui produit les mascarets les plus hauts (14 m).

globe, en s'alignant avec la Lune. Mais plusieurs facteurs perturbent le phénomène.
La force de Coriolis, due à la rotation de la Terre sur elle-même, y dévie tous les fluides en mouvement, en particulier le trajet des points zénithal et nadiral. Cette déviation se fait dans le sens inverse des aiguilles d'une montre dans l'hémisphère Nord et dans le sens des aiguilles d'une montre dans l'hémisphère Sud – autour d'un point où la marée est nulle (point dit « amphidromique »). Par ailleurs, ce trajet se voit perturbé par le sol. Les continents le bloquent, les frottements sur les fonds océaniques le freinent et certaines formes de bassins océaniques amplifient la déformation.

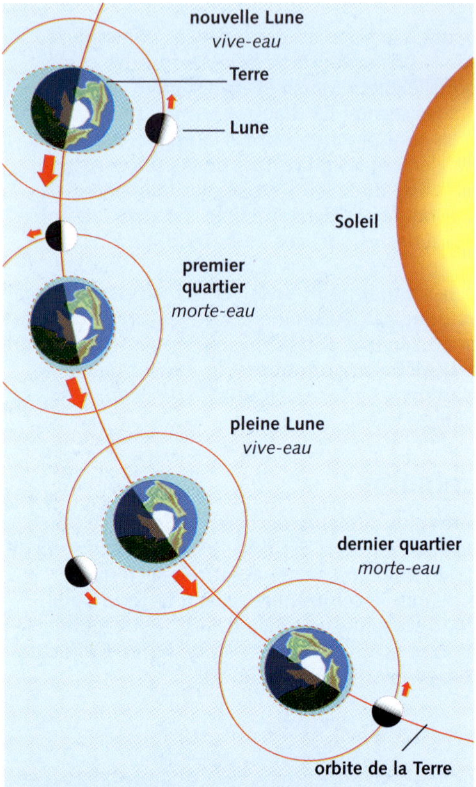

C'est quand se conjuguent l'attraction de la Lune et celle du Soleil que les marées atteignent une amplitude maximale. On parle de marée de vive-eau. À l'inverse, quand leurs actions se contrarient, c'est la morte-eau.

Variations autour d'un thème

En un même lieu, l'amplitude d'une marée varie d'un extrême à l'autre. On parle de vives-eaux quand la marée atteint une amplitude maximale en un point, et de mortes-eaux pour une amplitude minimale. Cette variation s'explique par plusieurs facteurs. La force de gravité est inversement proportionnelle au carré de la distance Terre-Lune. La Lune effectuant une orbite elliptique autour de la Terre, l'intensité de la marée varie selon sa distance au cours du mois lunaire. Lorsque le satellite de notre planète est au périgée (point de son orbite le plus proche de la Terre), la force de la marée augmente de 20 % par rapport à sa valeur moyenne. Au contraire, lorsqu'elle se trouve à l'apogée, la force de la marée diminue de 20 %.

LEXIQUE

[Force centrifuge]
Force d'inertie subie par un corps en rotation qui l'éloigne du centre de sa trajectoire.

Si la force de gravité est inversement proportionnelle à l'éloignement de l'astre attracteur, la force centrifuge est identique en tout point de la surface. La combinaison de ces deux forces n'est donc pas symétrique par rapport au centre de la Terre. En outre, ces forces ne sont pas exactement parallèles, car l'axe de rotation de la Terre sur elle-même est incliné par rapport au plan du système solaire. La résultante de la somme des forces

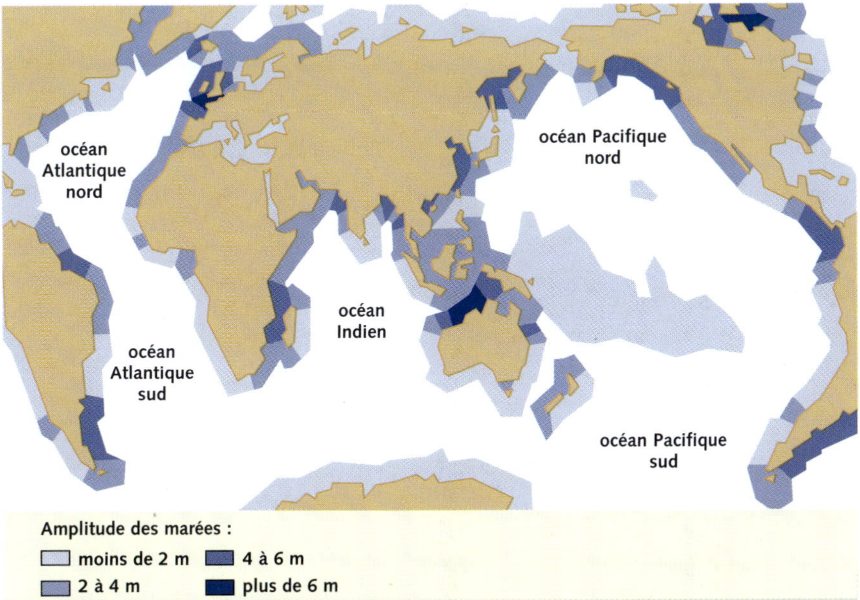

Le gonflement des eaux généré par l'action de la gravité et de la force centrifuge se propage à travers les océans comme une onde ride la surface d'un lac quand on y laisse tomber un caillou. Cette onde se propage avec une vitesse qui dépend de la profondeur ; elle se réfléchit sur les talus continentaux, générant des interférences qui peuvent l'atténuer ou l'accentuer. Propre à chaque point d'une côte, l'ampleur des marées correspond à la différence entre la hauteur d'une pleine mer et celle de la basse mer précédente. Les baies allongées présentent les ampleurs les plus fortes, alors que les mers fermées ont des marées en général très faibles.

gravitationnelle et centrifuge subit donc des variations complexes. À certains endroits, les deux forces se compensent, si bien qu'une seule marée par jour est observée : c'est le cas dans le Pacifique ; l'Atlantique compte, quant à lui, deux marées par jour.

Marée terrestre

La gravitation et la force centrifuge, qui se combinent pour créer les marées océaniques, agissent aussi sur la croûte terrestre. La déformation est imperceptible à l'œil nu, car la lithosphère, solide, s'avère peu élastique.
L'amplitude de cette marée terrestre, nulle aux pôles, atteint pourtant 40 cm aux basses latitudes.
Elle est partiellement responsable du déclenchement de certains séismes.

L'influence du Soleil

Parallèlement, le Soleil exerce une influence gravitationnelle non négligeable sur les océans, même si elle est 2,2 fois moindre que celle de la Lune. Lorsque la Lune et le Soleil sont alignés avec la Terre, leurs influences se conjuguent pour donner une marée maximale : ce sont les marées d'équinoxe, qui ont lieu le 21 mars et le 23 septembre. Lorsque les deux astres forment un angle droit avec la Terre, ce sont les marées de mortes-eaux.

La Terre vit sous l'emprise de la glace. Sa présence aux pôles constitue un véritable régulateur thermique qui absorbe les changements de température. Les glaciers continentaux, quant à eux, régularisent le débit des fleuves au gré des saisons et sculptent le paysage rocheux en se déplaçant sous l'effet de leur propre poids. Il y eut des périodes de l'histoire où cette emprise fut encore plus grande : au cours des glaciations qui ont régulièrement affecté la planète, les glaciers et la banquise ont en effet interdit l'accès d'une grande partie du globe aux êtres vivants, orientant leur évolution.

À Saint Joseph (Michigan), les touristes se promènent en maillot de bain l'été. L'hiver, la jetée surplombe un lac gelé, témoin des écarts de température de la région.

Sous l'emprise de la glace

Les glaciers

Les glaciers semblent figés pour l'éternité. Pourtant, ils naissent, ils bougent, ils meurent, et sculptent le paysage en développant des forces d'une grande puissance.

La naissance d'un glacier

La neige constitue le matériau de base du glacier. Ces flocons d'eau gelée contiennent une grande quantité d'air. Lorsque le manteau neigeux s'épaissit, et que la température est négative, la pression génère des changements dans la structure du cristal.
Les molécules d'eau immobilisées dans les flocons de neige se réorganisent pour occuper un volume plus faible en formant un réseau géométrique étendu : il y a recristallisation. Un névé, c'est-à-dire un milieu poreux intermédiaire entre la neige et la glace, se forme. Puis, sous l'effet du poids de la neige, les pores se ferment, l'air ne circule plus. On est alors en présence de glace.
On appelle glacier toute étendue de glace formée à partir de la recristallisation de la neige, qui dure d'une année sur l'autre et qui se déplace sous son propre poids. Dans son acception la plus large, le terme désigne aussi bien la couche de glace qui recouvre l'Antarctique qu'une petite vallée glaciaire entre deux montagnes dans les Alpes. Quatre-vingt-dix-neuf pour cent des glaciers se situent en Antarctique et au Groenland. Ils retiennent les trois quarts de l'eau douce de la planète.

Quand un glacier dérape

Si le glissement régulier du glacier est contrarié par un mauvais écoulement de l'humidité sous-glaciaire, celui-ci peut s'immobiliser plusieurs années, voire plusieurs dizaines d'années. La masse de glace se rassemble alors dans la zone d'accumulation et le glacier gonfle jusqu'à atteindre un point de déséquilibre. La masse glaciaire dévale alors les pentes, avançant de plusieurs kilomètres en quelques mois. Ce phénomène, appelé « surge », affecte environ 2 % des glaciers de montagne en Alaska, en Asie centrale, et dans les Andes autour de Santiago du Chili.

Une vie mouvementée

Les glaciers se déplacent très lentement, de 10 m par an à quelques centaines de mètres. Ce déplacement constitue le moteur de leur régénération. Il rétablit l'équilibre entre la zone d'accumulation où le glacier gagne de la matière par des précipitations de neige ou de pluie et la zone d'ablation où il en perd, par évaporation, par liquéfaction, par vêlage d'iceberg (désintégration d'une falaise de glace).
Le terminus du glacier est situé à l'extrémité de cette zone d'ablation. En montagne, il s'agit d'une zone riche en débris rocheux poussés par le glacier. Au bord de l'océan ou d'un lac, le terminus, aussi appelé « nez du glacier », est la zone où la couche de glace perd le contact avec le sol et flotte sur l'eau liquide.
Non seulement la matière d'un glacier se renouvelle sans cesse, mais elle connaît en outre des périodes d'expansion suivies de périodes de retrait. Ces fluctuations sont générées par les conditions météorologiques. Si le bilan de matière entre l'accumulation

et l'ablation est positif, le glacier grandit. Dans le cas inverse, il rétrécit. Aujourd'hui, la surface recouverte par les glaciers représente 10 % des terres émergées. Mais on estime que, depuis 1,5 million d'années, les glaciers ont recouvert une surface deux fois plus importante, puis ont rétréci, et cela plus d'une vingtaine de fois.

Dans les années 1820 *(à gauche)*, la mer de Glace avait l'allure d'une langue épaisse entre les parois rocheuses. Son recul, tel qu'il apparaît sur les photos actuelles *(à droite)*, a laissé des traces indélébiles dans la roche.

De glissade en déformation

Le glacier ne cesse de se déformer, de glisser, sous l'effet de son propre poids et des contraintes du sol. Ces déformations sont à l'origine de crevasses (des cassures profondes et étroites dans la glace), que délimitent des blocs de glace appelés « séracs ». La déformation la plus importante a lieu là où les tensions sont le plus fortes, au cœur de la couche de glace : les couches supérieures exercent un poids important, tandis que les couches inférieures se déplacent plus ou moins rapidement, entraînant tout le glacier dans leur mouvement.

Ce déplacement peut être accéléré par des mécanismes très particuliers. Le premier est généré par la pression énorme subie par la couche de glace en contact avec le sol. Le comportement particulier de l'eau fait que cet élément occupe un volume moins important sous forme liquide que sous forme

LEXIQUE

[Zone d'accumulation]
Zone où le glacier gagne en masse.
[Zone d'ablation]
Zone de perte de masse du glacier.

Carte *(pages suivantes)*

Les inlandsis (Groenland et Antarctique) et les glaciers concentrent la quasi-totalité de l'eau douce terrestre. La banquise, faite d'eau salée gelée, se réduit l'été au quart de la surface qu'elle couvre en hiver. Sa fonte autorise les échanges commerciaux vitaux pour certaines régions (passages du nord-est, le long de la côte sibérienne, ou du nord-ouest, le long de l'Alaska).

Banquise, glaciers, inlandsis

Répartition de la banquise :

- banquise permanente
- banquise occasionnelle (en hiver)
- **Zone d'extension maximale des icebergs**
- **Inlandsis**

EURASIE
Équateur
AUSTRALIE
0 2 000 km
échelle à l'équateur
Limite des glaciations il y a 12 000 ans
Zones de glaciers

solide (expérience de la bouteille d'eau liquide que l'on place au congélateur, ce qui provoque son éclatement). Sous l'effet d'une forte pression, l'eau a tendance à se structurer pour prendre moins de place, c'est-à-dire à redevenir liquide. Il se forme ainsi parfois un film d'eau liquide sous le glacier, ce qui réduit le frottement et accélère le mouvement : le glacier glisse. Une autre forme d'accélération peut être générée par la présence sous le glacier d'un lit sédimentaire de roches tendres et humides.

Une érosion implacable

En se déplaçant, le glacier façonne le paysage. En emportant dans son mouvement des matériaux rocheux, il provoque une formidable érosion glaciaire, qui creuse des cirques et des vallées. Le mécanisme de cette érosion est double. Tout d'abord,

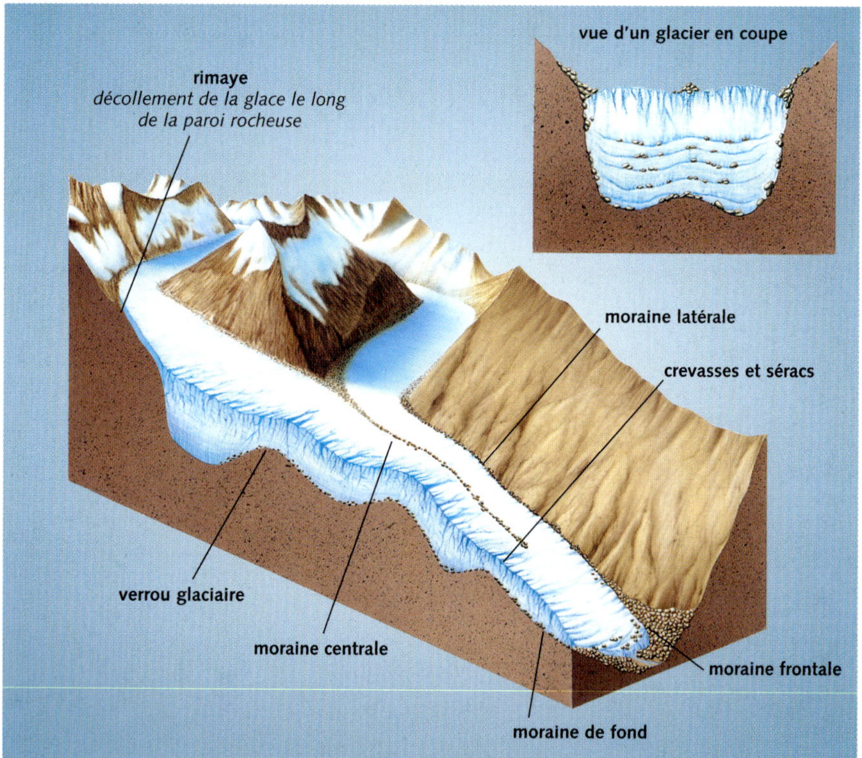

En s'étirant, la langue glaciaire érode la roche, produisant des lignes ou des champs de débris rocheux appelés moraines. La progression irrégulière se traduit par des verrous. La glace elle-même se fend, formant des crevasses séparées par des zones chaotiques appelées séracs.

Réchauffement climatique

Les glaciers s'étirent et se contractent en fonction des conditions climatiques du moment. Le réchauffement climatique actuel, dont l'homme est, en partie au moins, responsable, provoque depuis quelques années une importante fonte des glaciers. Ce phénomène a été mesuré par des scientifiques pour des glaciers du massif des Alpes. Les glaciers de l'archipel norvégien des Svalbard (principalement constitué de l'île du Spitzberg), dans l'Arctique, ont également reculé de plusieurs kilomètres. Sur certains glaciers, en revanche, la perturbation du climat se traduit par une augmentation des précipitations : ainsi, à l'ouest de la Norvège, les glaciers ont augmenté de volume au cours des 10 dernières années. Cependant, le bilan glaciaire à l'échelle de la planète reste négatif.

L'érosion glaciaire est responsable de la forme particulière du Half Dome (demi-dôme), un des sommets du parc national de Yosemite, en Californie (États-Unis).

le glacier incorpore de gros blocs qu'il trouve sur son passage, ceci d'autant plus facilement que la base rocheuse est fracturée. Ces matériaux, abandonnés lors du retrait du glacier, forment des champs de pierres appelés « moraines » (on y a parfois retrouvé des débris de la taille d'une maison…).
Parallèlement, les débris plus ou moins gros incorporés dans la masse glacée la transforment en véritable papier abrasif. L'abrasion polit le lit glaciaire, ce qui génère un matériau rocheux fin comme du sable. Cette « farine rocheuse » peut être entraînée en dehors du glacier par la glace fondue. Lorsqu'il rejoint un lac ou un océan, ce sédiment en suspension lui donne un aspect laiteux caractéristique.

LEXIQUE

[Cirque]
Dépression semi-circulaire, à bords raides, formée à l'amont d'un glacier.

[Moraine]
Champ de débris rocheux entraînés puis abandonnés par un glacier.

Banquises et inlandsis

La glace a élu domicile dans les hautes latitudes de notre planète.
En mer, la banquise naît, vieillit et se renouvelle au gré des saisons.

Une congélation lente

La banquise est constituée d'eau salée, laquelle gèle à –2 °C environ (l'eau douce gèle à 0 °C). La congélation s'effectue à l'automne, lorsque le vent affiche de –12 à –15 °C. La surface gèle en premier, mais très lentement : en effet, l'eau qui se refroidit devient plus dense et a tendance à couler, pendant que de l'eau plus chaude remonte des profondeurs. Cette circulation de masses fluides de températures différentes, appelée « convection », freine considérablement la prise de la banquise, qui ne peut avoir lieu que quand toute la colonne d'eau est refroidie. Le gel prend donc, de préférence, dans les zones peu profondes près des rivages. Un froid rigoureux et persistant, tel que l'on en trouve aux hautes latitudes, est nécessaire : en hiver, la calotte polaire recouvre le centre de l'océan Arctique et s'étend jusqu'à la côte nord de l'Islande.

Plusieurs étapes

Le phénomène de gel (nommé aussi « embâcle ») s'effectue en trois stades. En premier lieu, on note l'apparition de fraisil, cristaux de glace qui donnent un aspect jaunâtre à la mer par modification du spectre de couleurs qu'elle réfracte.
Sa viscosité augmente, elle prend une consistance huileuse. Lorsque le froid persiste, le fraisil donne naissance à des « crêpes » de glace, flottantes, qui, s'entrechoquant en surface, présentent des bords relevés. Elles mesurent entre 30 cm et 3 m de diamètre pour quelques centimètres d'épaisseur. Au gré des rencontres, les crêpes se cimentent pour constituer une glace dérivante, puis une banquise flottante.

La formation de glace dans un milieu salé et agité nécessite un froid vif et constant. C'est dans ces conditions que se forme la banquise aux îles de la Madeleine, au Canada.

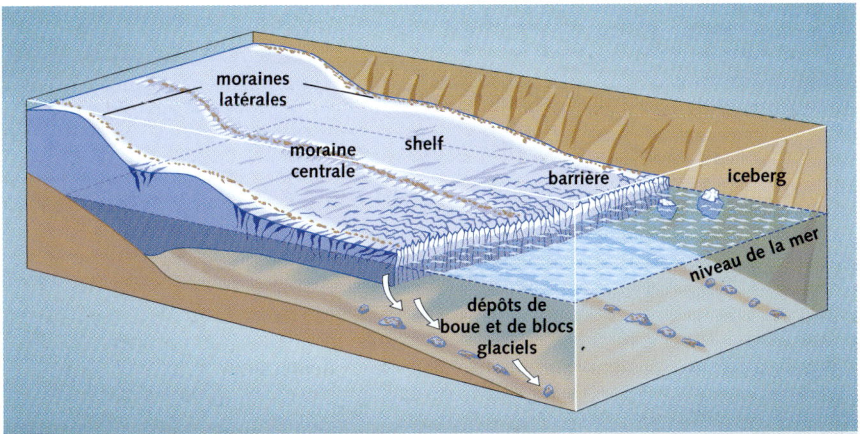

Comme tous les glaciers, les inlandsis progressent lentement, érodant la roche sur laquelle ils reposent. Ils perdent de la matière par vêlage d'iceberg, et se régénèrent grâce aux précipitations.

Cette jeune banquise se distingue des « vieilles glaces » par son aspect lisse. Ces dernières, qui ont passé plusieurs années à dériver (en moyenne 5 ou 6 ans dans l'océan Arctique), sont constellées de crevasses et d'aspérités, les hummocks, qui se forment quand une plaque de glace, cassée au cours d'un choc, bascule en partie dans l'eau puis se soude de nouveau à l'ensemble sous l'effet du gel.
La banquise ne persiste qu'au large. Près des côtes, elle fond en été. C'est la débâcle : de vastes blocs, les icebergs, se détachent et dérivent sous l'action des vents et des courants.

Des montagnes de glace

Contrairement à la banquise, les inlandsis se forment à partir de l'eau douce des précipitations. Ce sont de gigantesques glaciers qui recouvrent les reliefs continentaux sous leur dôme glacé. Les deux plus grands inlandsis de la planète coiffent le Groenland et le continent antarctique. L'inlandsis groenlandais, d'une hauteur moyenne de 1500 m, culmine à 3240 m d'altitude. Celui de l'Antarctique mesure en moyenne 2200 m, et atteint jusqu'à 4300 m. À la différence des glaciers des régions tempérées, les inlandsis bougent très lentement.

Des aspects divers

En hiver, la banquise est constituée de plusieurs morceaux très différents les uns des autres. Soudée au littoral, on trouve la banquette côtière, qui ne bouge pas avec la marée. Puis on trouve la banquise côtière, qui disparaît chaque année au printemps. Lisse et mince (moins de 1 m d'épaisseur), elle sombre parfois lors des tempêtes ou fond de manière épisodique en hiver, se reconstituant ensuite en une quinzaine de jours. La banquise est séparée de la banquette par une rivière, zone d'eau libre où viennent respirer les phoques. En s'éloignant du continent, on trouve la banquise permanente, ou « pack ». D'une épaisseur d'environ 3 m, elle dérive de 1 à 2 km par jour et survit plusieurs années. Cette banquise est parcourue par des chenaux d'eau, les polyniés, que les brise-glace cherchent à emprunter pour s'y frayer un chemin.

Neige et grêle

Un temps froid et humide peut donner lieu à diverses précipitations glacées : de la neige avec une atmosphère plutôt calme, de la grêle si les nuages sont le siège de puissants mouvements.

Douce neige

Les flocons de neige sont des agglomérations de cristaux de glace qui se forment quand l'atmosphère est froide et humide. Lorsqu'elle monte dans l'atmosphère, la vapeur d'eau se condense rapidement en gouttelettes liquides. Un nuage se forme.
La température de l'air, inférieure à 0 °C, devrait conduire à la congélation de l'eau. Mais la force qui maintient l'eau sous forme de gouttes, appelée « tension de surface », empêche le changement de phase. On est alors en présence d'eau surfondue : de l'eau liquide en dessous de son point de congélation. Seule la perturbation engendrée par une collision avec une fine particule solide (poussière, sable, fumée, etc.) peut déclencher le changement de phase. Les molécules d'eau s'agencent alors en cristal : un empilement régulier et périodique d'atomes. Dans le cas de l'eau, le cristal de base est hexagonal (à 6 faces).

Les cristaux de glace prennent parfois des formes inattendues, favorisant systématiquement les pointes et les irrégularités.

Variations sur un thème

Pas un flocon de neige ne ressemble à un autre. Lorsqu'un cristal rencontre une goutte d'eau surfondue, celle-ci gèle à son tour et prolonge le réseau cristallin. Cette croissance favorise naturellement les formes irrégulières, car, dès qu'une branche s'éloigne du cœur du cristal, elle rencontre un milieu plus humide qui lui permet de grossir.
Dès que le flocon a atteint une taille critique, il tombe. Dans leur chute, les flocons subissent de nombreuses transformations.
Ils peuvent fondre, se briser sous l'effet du vent, entrer en collision ou au contraire s'agglomérer avec d'autres flocons. La trajectoire, modelée par les turbulences de l'air, génère une énorme diversité de formes.

LEXIQUE

[Cristal]
Corps solide qui se caractérise par un empilement régulier et périodique d'atomes.

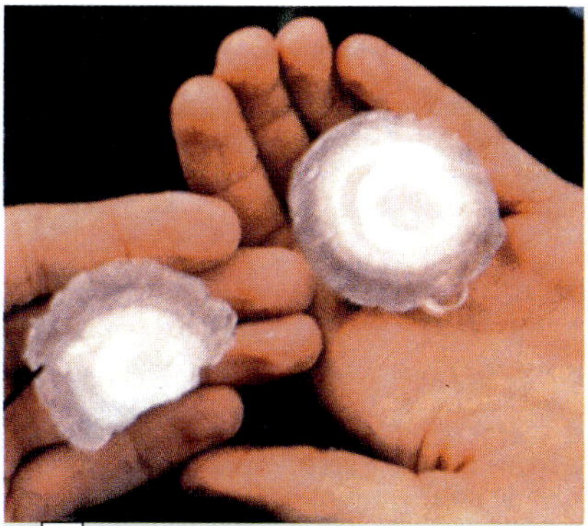

Ces grêlons de la taille d'une balle de golf sont tombés dans l'Oklahoma en 1978.

Neige et grêle affectent aussi les déserts. Cette photo a été prise après une averse de grêle survenue dans le désert du Kalahari, en Namibie.

Plus cette trajectoire est longue, plus le flocon risque d'être gros, à condition toutefois que l'air soit suffisamment humide pour lui apporter le matériau nécessaire. La température et l'humidité jouent un rôle important dans la forme des flocons : les gros flocons se forment quand la température est proche de 0 °C, et que le vent est faible ; les températures basses, accompagnées d'air sec, favorisent la formation de petits flocons.

Quand la grêle joue aux montagnes russes

La structure du grêlon l'atteste : ces billes de glace naissent dans un milieu perturbé. La plupart des grêlons arborent en effet une structure en pelure d'oignon, alternant des couches de glace opaques et transparentes. L'alternance est due aux multiples allers-retours effectués par le grêlon au sein du nuage. Le grêlon se forme en effet dans des nuages d'orage (cumulo-nimbus) par solidification d'eau surfondue au contact d'une poussière ou d'un cristal de glace. Il est alors emporté vers le sommet du nuage, où il grossit en incorporant d'autres molécules d'eau. Devenu trop lourd, il chute, mais fond en partie au contact d'une température plus élevée. Il peut alors être de nouveau emporté vers le haut, et grossir davantage. Plus la température rencontrée est basse, plus la congélation est rapide, empêchant les bulles d'air de s'échapper, ce qui opacifie la couche de glace. Lorsqu'il atteint un poids suffisant, le grêlon, qui peut varier de la taille d'un pois à celle d'un pamplemousse, tombe sur le sol.

Les tempêtes de glace

Les tempêtes de glace se produisent dans des conditions bien particulières. Elles laissent derrière elles des dégâts parfois importants, et un paysage époustouflant de beauté.

Pluie verglaçante

Les tempêtes de glace débutent avec de la neige et du vent, un vent très fort, signe d'un affrontement entre des masses d'air de températures différentes. Puis, la pluie arrive. Cette pluie très particulière gèle dès qu'elle touche une surface, et recouvre le sol, les arbres et les constructions d'une pellicule de verglas, parfois de givre. Lorsque la pluie persiste et que la glace s'accumule, on parle de tempête de glace. Ces tempêtes, qui transforment les routes en patinoire, cassent les branches des arbres sous le poids de la glace, détruisent les lignes électriques en plein hiver et peuvent s'avérer particulièrement dramatiques.

LEXIQUE

[Verglas]
Couche de glace transparente et lisse.

[Front]
Zone de transition entre deux masses d'air atmosphériques, caractérisées par une température et un taux d'humidité différents.

Les tempêtes de glace interdisent la circulation des véhicules, mais causent également des dégâts importants, notamment la destruction de lignes d'électricité et de téléphone.

La formation des tempêtes de glace

Les tempêtes de glace se forment au niveau d'un front chaud, lorsqu'une masse d'air chaud pénètre à l'intérieur d'une masse froide. La masse d'air chaud est alors prise en sandwich entre deux masses atmosphériques froides et sèches, et cette configuration particulière va générer la pluie verglaçante. L'humidité de la masse chaude monte en altitude pour rejoindre des régions moins denses (plus sèches). Elle rencontre alors des températures très basses, et gèle sous forme de flocons de neige. Ceux-ci s'agglomèrent, grossissent, jusqu'à ce que leur poids les fasse chuter. Ils traversent alors de nouveau la couche chaude, fondent. Poursuivant leur chute, les gouttes d'eau atteignent la couche froide proche du sol. Mais la tension de surface qui les maintient sous forme de gouttes les empêche de geler. Elles restent liquides à une température inférieure à 0 °C, un phénomène appelé « surfusion » (des expériences de laboratoire ont ainsi montré que de l'eau pure sous forme de très petites gouttelettes pouvait se maintenir dans cet état jusqu'à –40 °C). Mais l'eau en surfusion est extrêmement instable et la rencontre de la moindre poussière provoque une congélation immédiate. C'est ce qui se passe quand les gouttes d'eau rencontrent le sol ou toute autre surface froide.

La cristallisation de grosses gouttes d'eau surfondue conduit alors à une glace transparente, sans bulles d'air, tenace, lisse comme du verre et hautement glissante : le verglas.

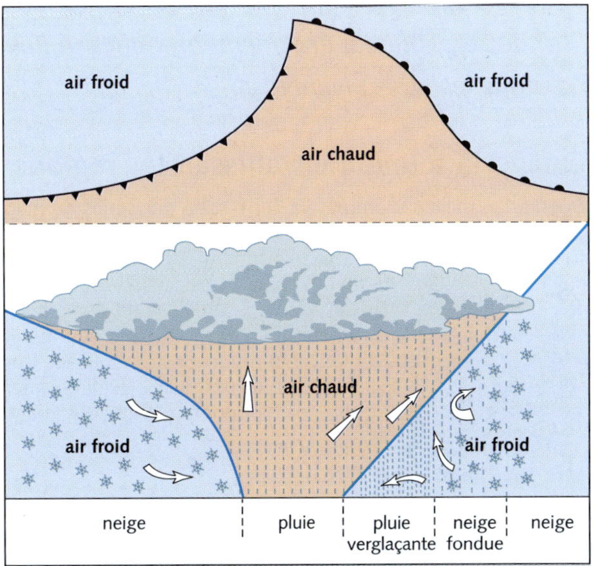

Lorsqu'une masse d'air chaud se trouve prise entre deux masses d'air froides, une tempête de glace peut se produire, caractérisée par une succession particulière de précipitations.

Sous une chape de glace

Du 5 au 9 janvier 1998, une tempête de glace d'une rare intensité a traversé l'Amérique du Nord. Montréal s'est ainsi retrouvée sous une chape de verglas atteignant jusqu'à 30 cm d'épaisseur. Les dégâts furent considérables. Le Canada recensa une trentaine de morts. La glace détruisit de nombreuses installations électriques, privant momentanément 60 % des Québécois d'électricité. Des millions de personnes furent ainsi plongées dans le froid et l'obscurité, alors que la production d'eau potable était coupée dans certaines zones. Cette région est propice aux tempêtes de glace, car elle constitue un terrain de rencontre entre l'air chaud qui vient du golfe du Mexique et l'air glacial de l'Arctique.

Les glaciations

La succession périodique des époques glaciaires et interglaciaires sur notre planète a énormément influencé l'évolution de tous les êtres vivants.

Quand la toundra envahissait les régions tempérées

Depuis 1,8 million d'années, la Terre subit des séries de glaciations. Au plus fort de ces épisodes de froid intense (où les températures hivernales atteignaient –30 °C dans le sud de la France), les troupeaux de rennes broutaient les mousses et les lichens qui envahissaient l'Europe méridionale. Les glaciers s'étendaient jusqu'à l'Écosse et au nord des Pays-Bas. Des inlandsis, dont certains étaient épais de 3 000 m, recouvraient le Groenland, l'Amérique du Nord, la Sibérie. Tant d'eau mobilisée dans les glaces abaissa le niveau des océans d'une centaine de mètres. Sous les tropiques, les forêts ne résistèrent pas à la sécheresse et les déserts s'étendirent. Pendant les périodes interglaciaires qui suivirent, des hippopotames se baignaient dans la Tamise…

Un phénomène cyclique

Tout au long de l'ère quaternaire (de 1,8 million d'années à nos jours), les glaciations se sont succédé au rythme de une tous les 100 000 ans. Elles duraient environ 80 000 ans, laissant place à la chaleur pour une période de 20 000 ans.
Nous sommes actuellement à la fin d'une période interglaciaire. Cette périodicité est due à la variation de la trajectoire de la Terre autour du Soleil, comme l'avait montré le mathématicien Milutin Milankovitch dès 1924. La Terre décrit une orbite elliptique autour de son étoile, mais qui se déforme en fonction de l'attraction exercée par les astres voisins. L'ellipse est ainsi plus ou moins allongée et l'axe nord-sud de la planète

Au plus fort des périodes glaciaires, l'Amérique du Nord et une grande partie de l'Europe ressemblaient à ce paysage groenlandais.

À la fin de la dernière glaciation, il y a 12 000 ans, le sud de l'Europe était couvert de steppes froides, parcourues par des mammouths, des rhinocéros laineux, et des rennes. La carte ci-dessus montre l'étendue des glaces à cette période.

Terre « boule de neige »

Deux glaciations phénoménales ont affecté notre planète entre 760 et 700 millions d'années, puis entre 620 et 590 millions d'années. La Terre ressemblait alors à une véritable boule de neige. La banquise recouvrait quasiment tous les océans sous plusieurs kilomètres de glace. Seules quelques zones-refuges près de l'équateur, épargnées par le gel, permirent à de rares êtres vivants, algues et champignons, de survivre. Ces écosystèmes permirent, par l'isolement des populations, une grande diversité d'évolution. Après les extinctions massives provoquées par les glaciations, la planète connut une explosion des formes de vie : on imagine que les rescapés colonisèrent facilement une Terre quasiment vierge, s'adaptant rapidement à des habitats de nouveau diversifiés.

est plus ou moins incliné par rapport au plan de son orbite. Enfin, la Terre n'occupe pas la même position par rapport au Soleil à un moment précis de l'année. Tous ces paramètres influent sur la quantité d'énergie solaire reçue selon la latitude et la saison. Ils modifient la circulation des courants atmosphériques et océaniques, et tout le climat de la planète s'en trouve perturbé.

La glaciologie pour preuve

Le prélèvement de carottes de glace près des pôles, ainsi que de carottes de sédiments calcaires dans les hauts-fonds marins, a permis de confirmer la théorie de Milankovitch dans les années 1970. En effet, la neige des inlandsis et les coquilles d'animaux marins au fond des mers se déposent en couches successives, enregistrant en même temps des indices du climat de différentes époques. Mais ces carottages ne permettent pas de remonter au-delà du quaternaire, et le climat des périodes précédentes reste très mal connu.

L'atmosphère terrestre gouverne l'apparition de nombreux phénomènes, dont certains n'ont pas fini de nous surprendre, voire de nous émerveiller. Parmi eux, par exemple, les mirages, qui naissent de la courbure des rayons lumineux due à des variations de densité de l'atmosphère. La foudre, également, qui tombe lorsque le ciel s'assombrit de nuages chargés d'électricité. Les aurores polaires, enfin, qui témoignent de l'impact d'un vent en provenance du Soleil sur l'ionosphère, une couche particulière de la haute atmosphère.

Une aurore boréale illumine le ciel près de Fairbanks, en Alaska. La couleur rouge, rare, témoigne d'un phénomène de très haute altitude.

Les spectacles du ciel

Les mirages

Les mirages sont de simples illusions d'optique. Ils apparaissent quand l'atmosphère se divise en plusieurs couches aux températures suffisamment différentes.

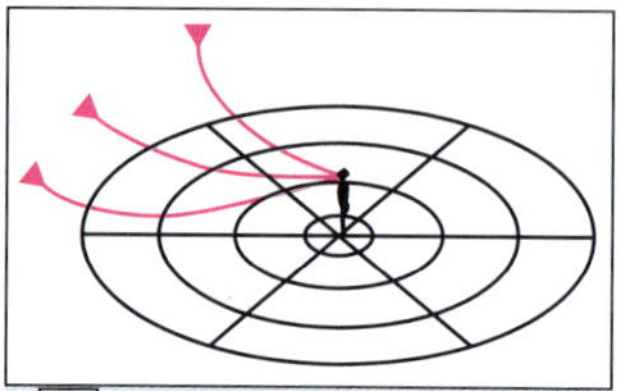

Lorsque le sol est surchauffé, les rayons lumineux reçus par l'observateur s'incurvent vers le sol.

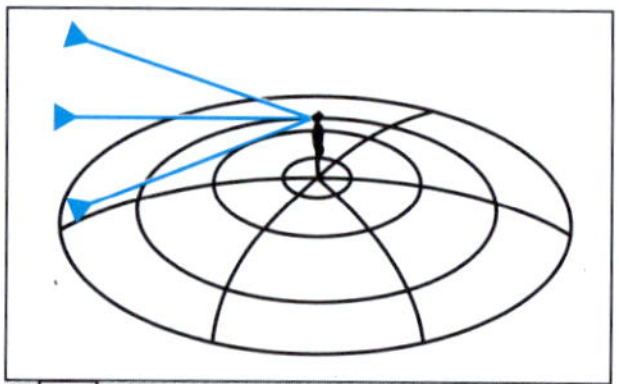

L'observateur pense que les rayons lumineux sont rectilignes et a l'impression de se trouver sur une hauteur.

Une histoire d'image

Tous les points de la surface d'un objet éclairé renvoient des rayons de lumière dans toutes les directions. Lorsque nous regardons cet objet éclairé, notre œil capte une partie de ces rayons lumineux qui aboutissent à une sorte d'écran de cinéma miniature, la rétine, affichant l'image reconstituée à partir des rayons lumineux ainsi recueillis. Cette membrane est en fait constituée d'une juxtaposition de récepteurs sensoriels qui, excités par la lumière, envoient un signal au cerveau où l'information lumineuse est traitée. L'image est analysée par des aires spécialisées du cerveau, lequel « traduit » la réalité : ce que nous percevons n'est, en fait, pas la stricte réalité, mais une interprétation, par le cerveau, de cette réalité.

Des rayons lumineux pressés

Le cerveau interprète toutes les incidences lumineuses comme si elles provenaient en droite ligne de l'objet regardé. Pourtant, ce n'est pas toujours le cas. En effet, la lumière voyage dans

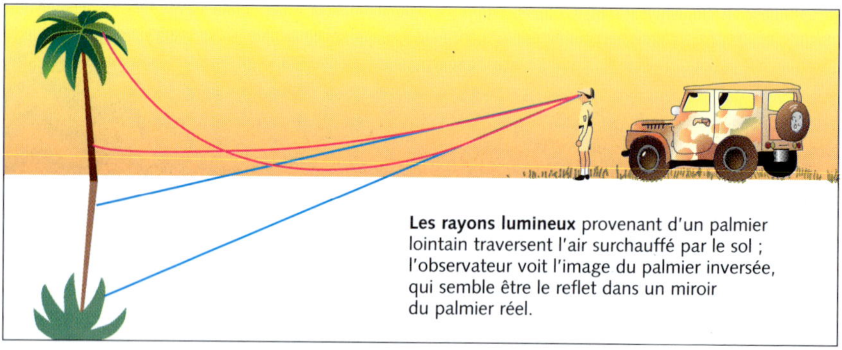

Les rayons lumineux provenant d'un palmier lointain traversent l'air surchauffé par le sol ; l'observateur voit l'image du palmier inversée, qui semble être le reflet dans un miroir du palmier réel.

Les mirages ne sont pas rares dans le Sahara. Hélas, l'oasis est souvent beaucoup plus loin qu'on ne le croit...

différents milieux en prenant des chemins – les rayons lumineux – qui ne suivent pas forcément des lignes droites. Selon le principe de base de l'optique géométrique, énoncé par Pierre de Fermat en 1650, la lumière emprunte, parmi tous les chemins possibles, celui qu'elle parcourt en un temps minimal. Or la lumière se propage d'autant moins vite que les milieux sont denses. Le rayon lumineux suit donc parfois des raccourcis, non rectilignes, qui évitent les milieux trop denses. Exactement comme le conducteur d'une voiture qui irait à un rendez-vous plus rapidement en évitant les axes trop fréquentés.

Carte *(pages suivantes)*

Les aurores polaires, très rares aux latitudes moyennes, sont en revanche fréquentes près des pôles, car le bouclier géomagnétique de la Terre y est beaucoup plus faible. En raison des forts mouvements verticaux de l'air au sein des nuages survolant les continents, les éclairs de foudre y sont plus fréquents qu'au-dessus des océans. En outre, la zone de convergence intertropicale est le siège d'une intense activité de la foudre.

Voir quelque chose là où il n'y a rien

En pratique, lorsqu'un sol affiche une température très différente de la température de l'atmosphère – au-dessus de la banquise ensoleillée ou du sable du désert par exemple –, l'air qui le coiffe forme des couches non homogènes, avec une température qui augmente ou diminue graduellement. La densité d'un gaz est directement liée à sa température : plus il est chaud, plus il occupe un volume important, plus sa densité baisse. Ainsi, dans le désert, la densité de l'atmosphère varie énormément entre les couches en contact direct avec le sol (très chaudes) et les couches situées à hauteur des yeux (plus froides). Le rayon lumineux, avant d'atteindre la rétine, emprunte donc les couches proches du sol ; le cerveau les interprète comme provenant d'une source en ligne droite, c'est-à-dire au-dessous de la situation réelle de l'objet ; nous voyons donc l'objet là où il n'est pas. Il arrive parfois que plusieurs rayons lumineux parviennent jusqu'à l'œil, représentant autant de chemins possibles par lesquels le trajet de la lumière s'effectuera en un même temps minimal : plusieurs mirages apparaissent alors, dont pas un seul ne correspond à la réalité.

Mirages gravitationnels

Dans sa théorie de la relativité générale, Einstein supposait que les objets massifs (comme les étoiles) courbent l'espace-temps. Toute particule, et notamment les photons qui constituent les rayons lumineux, devait être déviée à leur voisinage, phénomène qui devait donner naissance à des « mirages gravitationnels ». La preuve fut apportée en 1979 avec la première observation de l'image double d'une galaxie éloignée. L'étude des effets de lentille gravitationnelle permet aujourd'hui de cartographier l'Univers en révélant la présence d'objets massifs invisibles.

Aurores polaires et éclairs

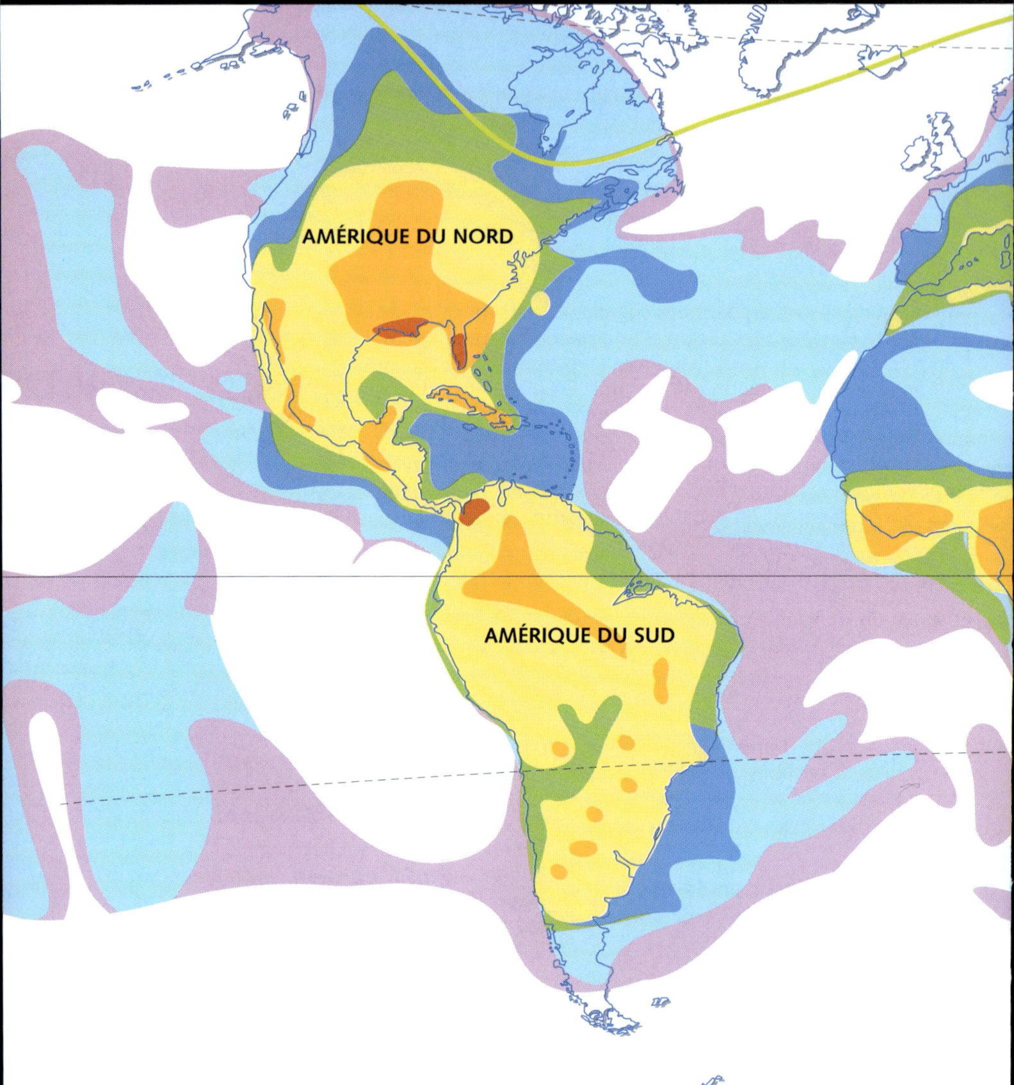

Densité des éclairs de foudre (nombre d'éclairs/km²/an)

- 0,12 à 0,30
- 0,30 à 1,20
- 1,20 à 3
- 3 à 6
- 6 à 15
- 15 à 30
- au-delà de 30

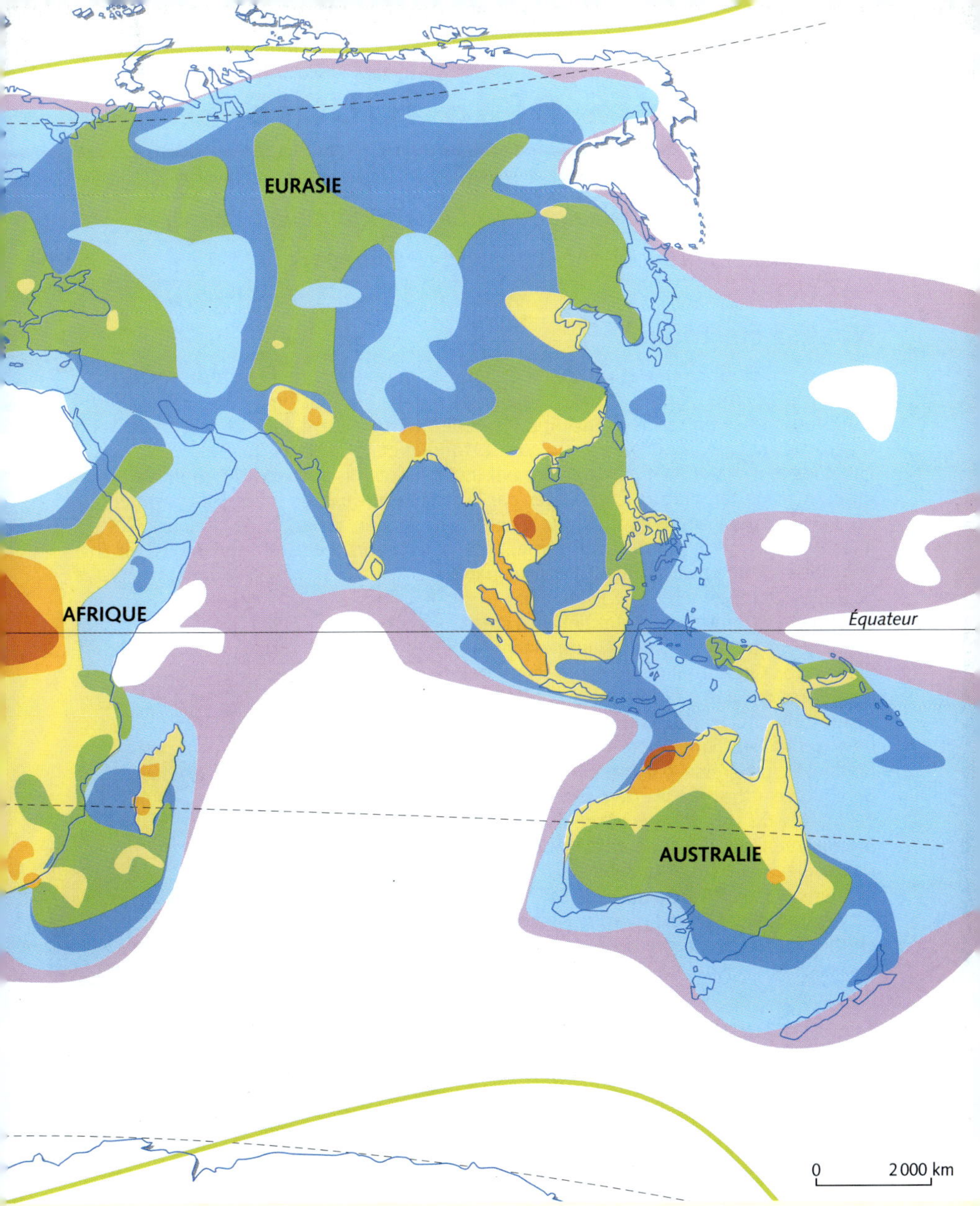

Localisation moyenne des anneaux auroraux

Les éclairs et la foudre

La foudre possède la beauté du diable. Traçant un chemin chaotique dans le ciel, elle rejoint le sol à un point d'impact imprévisible, provoquant la peur et l'admiration.

Nuages électriques

La foudre naît au cœur des nuages d'orage. Ces énormes cumulo-nimbus sombres planent à environ 2 km d'altitude et peuvent s'étaler sur plus de 10 km en hauteur. Dans leur masse en forme d'enclume, ils renferment des centaines de milliers de tonnes d'eau sous forme de gouttelettes d'eau surfondue et de cristaux de glace.
Les nuages d'orage sont particulièrement instables, car ils subissent de grandes différences de température, générées par la rencontre de deux masses atmosphériques ou par la chaleur emmagasinée par le sol (on parle alors d'orages de chaleur). Cette instabilité se traduit par des mouvements de convection pouvant atteindre 70 km/h.
Les frottements entre gouttes d'eau et particules de glace génèrent de l'électricité.
Lorsque la différence de potentiel ainsi créée est trop forte, il se produit une décharge électrique. Quatre-vingt-dix pour cent des décharges ont lieu à l'intérieur du nuage. Le reste concerne le sol, selon un mécanisme bien particulier : une « pré-décharge » peu lumineuse progresse par bonds vers le bas. Lorsque ce « traceur » arrive à une dizaine de mètres du sol, une décharge ascendante monte vers lui. Leur rencontre génère alors un arc électrique très lumineux qui s'engouffre dans le canal tracé depuis le sol : l'éclair est ascendant. Il arrive parfois, notamment en montagne, que la première décharge soit ascendante ; l'éclair est alors descendant.

La violence de la foudre a fait exploser une partie de la toiture de l'église de ce village français.

Les conséquences de la foudre

On compte en moyenne 100 éclairs par seconde dans le monde. Chaque année, on recense en France environ un million d'impacts, responsables d'une trentaine de décès et de 15 000 incendies.
Les dégâts sont dus à la grande quantité d'énergie contenue dans la foudre. La décharge électrique d'un éclair est de l'ordre

Les éclairs suivent des trajectoires aléatoires dans le ciel, qui rendent impossible toute prévision. Ici, au-dessus de San Francisco.

de 1 million de volts, avec une puissance équivalente à celle de cent millions d'ampoules ordinaires. L'énergie ainsi véhiculée se transforme en lumière (l'éclair proprement dit), en énergie acoustique (le tonnerre) et en chaleur. La température de l'arc électrique atteint 30 000 °C.

Les dégâts matériels sont dus principalement à l'échauffement des structures des constructions, et aux rayonnements électromagnétiques qui endommagent les installations électroniques et informatiques. Sur l'homme, les effets peuvent être extrêmement divers. Il peut arriver qu'une personne foudroyée se retrouve indemne, mais que ses vêtements se soient volatilisés. Cela est possible lorsque la décharge est suffisamment forte pour se propager par arc électrique à la surface de la peau en évitant le corps. Dans le cas contraire, l'électricité et la chaleur peuvent gravement endommager les organes par lesquels passe la décharge.

La protection

Le classique paratonnerre a prouvé son efficacité dans la protection des bâtiments. Constitué d'une tige métallique enfoncée dans le sol, il détourne la foudre vers celui-ci. Depuis une vingtaine d'années, les chercheurs tentent de provoquer des éclairs à l'aide d'un rayon laser qui, en ionisant l'atmosphère, tracerait un chemin préférentiel pour la décharge électrique. Les progrès effectués sur ces rayons devraient permettre à la technique d'aboutir dans les prochaines années.

Boules de foudre

Les boules de foudre sont des événements rares. Moyennement lumineuses, ces balles, d'une trentaine de centimètres de diamètre, tournoient à environ 1 m du sol pendant quelques dizaines de secondes avant de s'évanouir ou d'éclater. Bien que de nombreux témoignages attestent leur existence, elles restent une énigme scientifique.

Les aurores polaires

Visibles à proximité des deux pôles terrestres, les aurores boréales et australes sont les traces visibles de la collision du vent solaire avec notre atmosphère.

Des draperies chatoyantes

LEXIQUE

[Ionosphère]
Zone de l'atmosphère (au-delà de 60 km d'alt.) caractérisée par la présence de particules chargées électriquement.

Les aurores polaires apparaissent comme des écharpes chatoyantes dans le ciel des hautes latitudes, au niveau des cercles polaires. Elles sont extrêmement rares aux latitudes moyennes. Elles sont appelées aurores boréales dans le Nord, aurores australes dans le Sud. Ces voiles lumineux semblent accrochés à une centaine de kilomètres d'altitude, et descendent jusqu'à quelques centaines de mètres, là où la densité de l'atmosphère arrête le phénomène. Leur épaisseur est en général inférieure à 1 km, mais elles peuvent ceinturer le globe sur des milliers de kilomètres de long. Elles changent rapidement de forme, d'intensité et de mouvance. Bien que notre œil perçoive difficilement les couleurs la nuit, elles apparaissent en général blanches avec quelques reflets verts, jaunes ou bleus, exceptionnellement rouges. Elles durent quelques minutes, parfois quelques heures.

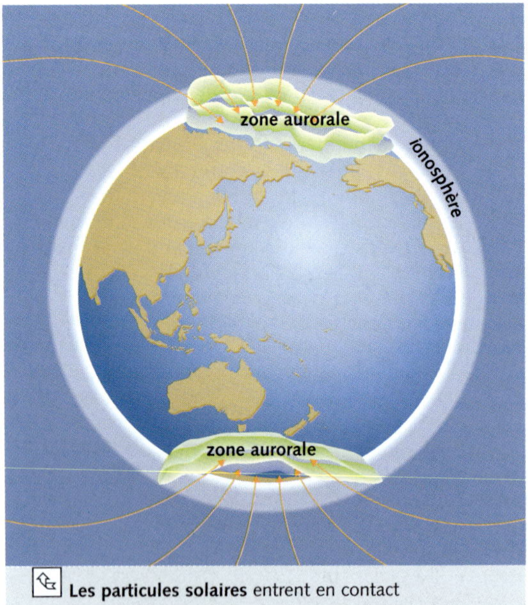

Les particules solaires entrent en contact avec l'ionosphère, partie la plus haute de l'atmosphère, à travers deux anneaux situés à proximité des pôles.

Dans le vent solaire

Les aurores polaires signent l'impact du vent solaire sur l'atmosphère terrestre.
La haute atmosphère du Soleil est composée de particules (électrons, protons) chauffées à plusieurs millions de degrés. À une telle température, les particules sont animées d'une grande vitesse : environ 150 km/s pour les protons, et 5 000 km/s pour les électrons, plus légers. Ainsi agités, les électrons ont tendance à échapper à la gravité du Soleil

pour se disperser dans l'espace, entraînant avec eux des protons et quelques atomes (d'hélium notamment) chargés électriquement. Le plasma ainsi constitué, qui s'échappe continuellement de notre étoile, forme le vent qui baigne tout le système solaire. Sa vitesse et sa densité dépendent de son origine : elles sont augmentées lorsque les particules proviennent de régions actives du Soleil, comme les taches ou les protubérances. Lorsqu'il atteint l'orbite terrestre, au bout de 4 jours de voyage environ, le vent solaire contient en moyenne 5 particules par centimètre cube.

Les aurores polaires arborent en général des teintes jaunes et vertes, caractéristiques de l'énergie libérée par la collision de particules chargées avec les atomes d'oxygène présents à 100 km d'altitude.

Destination : les pôles

Notre planète est entourée par un champ magnétique dû aux mouvements de son noyau externe fluide. Lorsqu'elles approchent de la Terre, les particules solaires, chargées électriquement, sont aussitôt happées par le champ magnétique terrestre, qui les dirige vers les pôles magnétiques. Là, au travers d'un anneau qui ceinture chaque pôle (plus large au niveau du pôle dans la nuit que de celui dans le jour), elles entrent en contact avec les atomes de l'atmosphère au niveau de sa partie la plus haute – l'ionosphère. Les collisions excitent ces atomes (d'oxygène et d'azote principalement), qui redistribuent l'énergie ainsi emmagasinée.

Les aurores polaires ne sont pas uniquement terrestres. Ici, sur Jupiter.

Les rayonnements qui en résultent possèdent des longueurs d'onde caractéristiques de la molécule et de son état chimique. Les atomes d'oxygène, dans l'état qu'ils adoptent à 100 km d'altitude, renvoient de la lumière jaune-vert, et, si la collision a lieu plus haut, de la lumière rouge. Les atomes d'azote, à basse altitude, émettent de la lumière rouge pâle ; lorsqu'ils se trouvent à plus haute altitude, sous forme ionisée, ils émettent dans le violet. Les aurores polaires sont ainsi le reflet de la composition de la haute atmosphère.

Lueurs aux cheveux d'argent barrant le ciel nocturne ou pluies de pierres s'abattant soudain sur la Terre, les comètes et les météorites ont longtemps été interprétées comme des signes de malheur. Aujourd'hui, pourtant, l'étude de ces phénomènes célestes est devenue l'un des enjeux scientifiques du XXIe siècle. Peut-être y trouverons-nous non seulement la raison de l'extinction de certaines espèces, mais aussi et surtout celle de la vie sur notre planète. Aux origines de la Terre, comètes et astéroïdes se livraient à une étrange alchimie…

Les spectaculaires pluies de météorites des Léonides de novembre 1999 et de novembre 2003 étaient dues au récent passage de la comète Swift-Tuttle.

Phénomènes cosmiques

Les comètes, messagères du ciel

Le rôle de messagères attribué aux comètes semble immuable. Jadis utilisées pour prévoir l'avenir, elles sont aujourd'hui étudiées avec l'espoir qu'elles nous révéleront… le passé.

Les comètes dans l'histoire

Que sont les comètes, et quelle est leur nature ? Cette question que les anciens Grecs (qui leur donnèrent leur nom de *kometes*, « astre chevelu ») se posaient déjà il y a 2 500 ans n'a trouvé de réponses satisfaisantes qu'à la fin du XXe siècle.

Au VIe siècle avant J.-C., les pythagoriciens considéraient les comètes comme des objets célestes dont la trajectoire pouvait s'assimiler à celle des planètes, et dont il était donc possible de prévoir le retour. Rien n'était plus vrai. Deux siècles plus tard, pourtant, l'école d'Aristote considérait les choses fort différemment : les comètes étaient des météores ignés de la haute atmosphère, semblables à des incendies ou à des vapeurs terrestres. Appartenant au monde sublunaire, elles n'étaient pas des objets réels, mais simplement des apparitions de feu, des illusions.

Tapisserie de Bayeux. En 1066, le roi Harold d'Angleterre, voyant apparaître une comète dans le ciel, présagea qu'il perdrait la bataille d'Hastings contre le duc de Normandie, Guillaume le Conquérant.

Heureux présage ou non ?

Selon les Babyloniens, une comète qui disparaissait en direction du sud annonçait une bonne récolte. L'heureuse naissance de César, puis celle de Mithridate auraient été annoncées par le passage d'une comète brillant plus fort encore que le Soleil ! Au contraire, la tradition dit que la mort de l'empereur romain Vespasien et celle de Mahomet auraient été causées par le passage d'une comète. La liste des présages, heureux ou malheureux, associés aux comètes pourrait ainsi s'allonger indéfiniment ; pareille interprétation a duré en tout cas jusqu'au début du XXe siècle, en 1910, où beaucoup crurent voir dans le passage de la comète de Halley l'annonce de la Première Guerre mondiale.

Avec ses deux queues bien visibles, l'une bleue (constituée de gaz ionisés) et l'autre jaune (contenant des poussières), la comète de Hale-Bopp est apparue en 1997 dans le ciel d'hiver.

Cette dernière théorie prévalut ensuite durant près de 2000 ans, jusqu'au seuil du XVIIe siècle. En effet, c'est en l'an 1597 que l'astronome danois Tycho Brahe annonça, après 12 ans d'études sur les comètes, que celles-ci passaient bien au-delà de la Lune, et qu'il s'agissait d'objets matériels semblables aux planètes. L'étude des comètes commençait, enfin, sur des bases scientifiques.

Le retour des comètes

En 1680, Isaac Newton observant une comète constata que celle-ci accompagnait le Soleil soir et matin ; il pensa qu'elle tournait autour du Soleil, attirée par cet astre. Il établit le calcul de sa trajectoire et démontra que les comètes venaient tourner autour du Soleil selon des trajets soit elliptique (c'est-à-dire à courbe plane, de forme plus ou moins allongée, dont l'un des foyers est le Soleil), soit hyperbolique (avec un second foyer situé à l'infini, la comète ne revenant donc jamais).
En 1705, Edmund Halley, constatant des analogies frappantes dans des observations de comètes effectuées en 1682, en 1606 et même en 1531, établit qu'il s'agissait d'une seule et même comète revenant tous les 76 ans. Il calcula son retour pour l'année 1758. C'était la première fois que l'on parvenait à prévoir le retour d'une comète. On devait la nommer de son nom : la comète de Halley.

Carte *(pages suivantes)*

Lorsqu'ils n'ont pas été entièrement désagrégés par l'atmosphère, les restes de comètes ou d'astéroïdes qui s'abattent sur la Terre laissent parfois de profonds impacts : les astroblèmes, dont les cicatrices sont encore visibles après des millions d'années. Statistiquement, 70 % de ces objets tombent dans les océans, ce qui n'apparaît pas sur cette carte.

Les astroblèmes

- moins de 1 km
- de 1 à 10 km
- de 10 à 50 km
- de 50 à 100 km
- au-delà de 100 km
- **Wolfe Creek** (0,9 km) : astroblèmes célèbres avec indication de leur diamètre

La région de la Toungouska fut ravagée, en 1908, sur près de 2 000 km^2 par l'explosion d'un fragment de météorite ou de comète, juste avant qu'il atteigne le sol.

Poussières, plasma et boule de neige

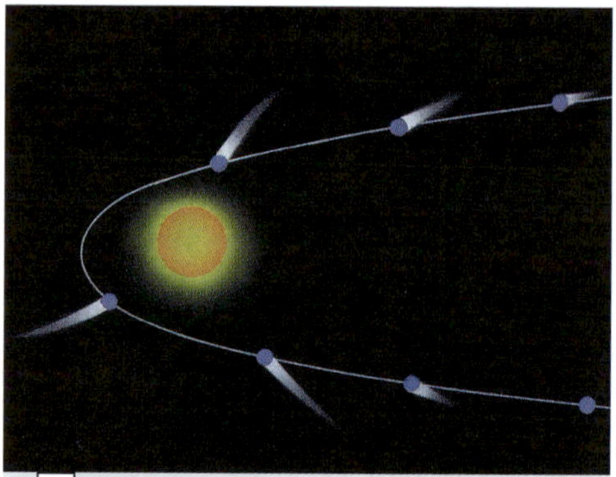

En s'approchant du Soleil, la neige constituant la comète se met à fondre, laissant derrière elle une double queue d'éjectats qui peut s'étendre sur des millions de kilomètres.

Lorsqu'elle se trouve aux confins du système solaire, une comète est une énorme boule de neige sale, de quelques kilomètres de diamètre. Outre de l'eau gelée, on y trouve une sorte de croûte de poussières, assez sombre, faite de divers matériaux, dont du carbone, de l'oxygène, ainsi que du soufre, du silicium et du magnésium.

Lorsqu'elle s'approche du Soleil, cette boule de neige se met à fondre, laissant derrière elle une traînée à deux composantes : une première queue de poussières s'enfuyant avec l'eau fondue, de couleur jaunâtre, et une autre bleutée, dite « de plasma ». Ce plasma est constitué par les gaz s'échappant de la comète et ionisés par la lumière du Soleil (d'où la couleur bleue). Repoussées par le vent solaire émis par notre étoile, les deux queues se développent toujours dans la direction opposée au Soleil sur la trajectoire de la comète.

Les comètes provenant du nuage de Oort suivent des orbites très allongées, en dehors du plan orbital des planètes.

Comètes de Oort…

LEXIQUE

[Année-lumière]
Unité de longueur équivalant à la distance parcourue en un an par la lumière dans le vide, soit 9500 milliards de kilomètres.

[Plasma]
Fluide composé de molécules gazeuses électriquement neutres.

Après la formation du système planétaire, un grand nombre de corps rocheux qui gravitaient au-delà des orbites des quatre planètes géantes furent repoussés aux confins du système solaire, éjectés par leur influence gravitationnelle. Il en résulta une espèce de halo d'objets divers englobant tout le système solaire et gravitant entre 0,1 et 0,5 année-lumière. C'est le nuage de Oort.

Il arrive parfois que le passage d'une autre étoile dans le voisinage du Soleil, ou bien la présence à proximité d'une nébuleuse de gaz et de poussières, perturbe le nuage de Oort et en propulse certains éléments – des comètes – en direction du Soleil. Les orbites de ces comètes ont des ellipses très allongées, ce sont parfois des hyperboles (dans ce dernier cas, elles ne reviennent jamais). Ces « jeunes » comètes ont d'abord des périodes très longues (la comète de Hale-Bopp, par exemple, visible en 1997, ne reviendra qu'en 6300). Au fur et à mesure de leurs passages, cependant, elles « vieillissent », ralenties à chaque fois par la gravitation autour du Soleil. Peu à peu, leur orbite se raccourcit et leur période diminue. La comète de Halley, d'une période de 76 ans, est relativement âgée, moins toutefois que la comète d'Encke dont la période est de 3,3 ans.

Cette photo de la comète de Halley prise par la sonde Giotto en 1986 dévoile le noyau cométaire : une boule de neige sale.

Les comètes et la Terre

Lorsque la Terre était encore toute jeune et dépourvue d'atmosphère, les comètes l'ont bombardée par millions. Les traces d'impact ont aujourd'hui disparu sous l'action des tremblements de terre et des volcans.
On pense que les énormes quantités de neige et de glace fondue apportées par les comètes ont contribué à remplir nos océans.
Aujourd'hui encore, des milliers d'anciennes comètes, fragmentées en petits morceaux, viennent croiser la Terre, mais l'atmosphère les consume presque entièrement, transformant les fragments en « étoiles filantes » et ne laissant arriver jusqu'au sol que d'infimes poussières : les météorites.

… ou comètes de Kuiper ?

Depuis les années 1990, on a découvert que certains corps s'échappaient également de la ceinture de Kuiper, autre « réservoir céleste » situé au-delà de Neptune.
Ces corps deviennent aussi des comètes (les comètes de Kuiper), dont le plan orbital se confond avec celui des planètes.
Parce qu'elles sont contemporaines de la formation du système solaire, les comètes de Oort ou de Kuiper peuvent nous fournir de nombreux renseignements sur les conditions existant à la naissance des différentes planètes, dont la nôtre en particulier, la Terre.

Les météorites, filles des comètes

Apparaissant sous la forme de roches venant frapper la Terre ou de fines arabesques incandescentes (les « étoiles filantes »), les météorites sont presque toutes filles des comètes.

Après les comètes, la pluie

Dans son orbite autour du Soleil, la Terre rencontre des poussières, des cailloux (des rochers parfois !), qui se promènent dans notre système solaire. Certains de ces objets proviennent des astéroïdes, mais le plus grand nombre vient des comètes.

Lorsqu'elle s'approche du Soleil, une comète se consume, perdant une énorme quantité de matériaux (20 à 30 tonnes par seconde), essentiellement de l'eau et des poussières, mais également de nombreux fragments rocheux. Après son passage, ces rejets restent un certain temps en orbite autour du Soleil avant de se disperser. Lorsque l'orbite de la Terre vient à croiser ces condensations de débris cométaires, notre planète reçoit une véritable « pluie » de débris. Ainsi, on assimile aujourd'hui chaque essaim de météorites, ou presque, au passage ou au trajet d'une comète : la comète Swift-Tuttle pour les Perséides du mois d'août, la comète de Temple pour les Léonides de novembre, etc.

Il tombe en moyenne 250 tonnes de débris de comètes sur Terre chaque jour. Au contact de l'atmosphère, ces débris (ou météorites) s'enflamment, laissant une traînée incandescente : le météore.

Deux cent cinquante tonnes par jour

Croisant à seulement 150 millions de kilomètres du Soleil, notre Terre est de la sorte arrosée de pluies météoritiques dont environ 400 000 tonnes de fragments parviennent jusqu'au sol chaque année (soit 250 tonnes par jour). Ce dernier chiffre peut paraître impressionnant, mais la Terre est vaste : d'un point de vue statistique, cela signifie qu'il tombe en moyenne une météorite de plus de 500 g pendant chaque million d'années sur 1 km^2. Cependant, on connaît environ dix cas d'accidents dus à des météorites, qui ont, en trois siècles, soit tué, soit détruit des toits de maison.

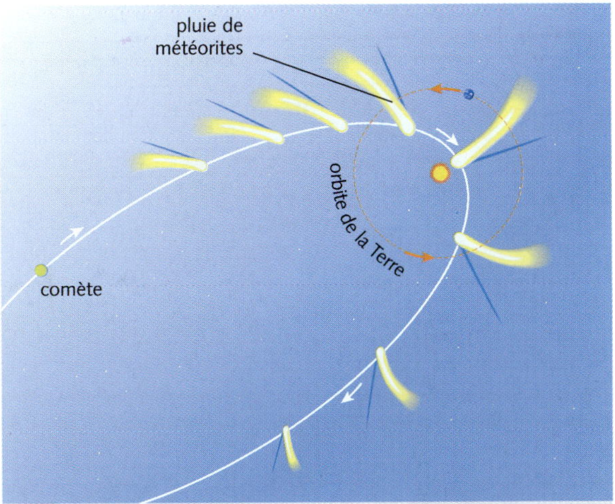

Lorsque l'orbite terrestre croise les débris laissés par une comète, cela donne une pluie de météorites.

Les météorites : des étoiles filantes...

Lorsque l'un des débris cométaires arrive dans l'atmosphère terrestre, sa vitesse est de l'ordre de 50 000 à 250 000 km/h. Le voici devenu une météorite. Au contact des hautes couches atmosphériques, vers 80 km d'altitude, cette météorite subit un frottement très violent avec une des couches de l'atmosphère, la mésosphère, ce qui la ralentit considérablement et la rend incandescente. L'air est alors électrisé par le passage de la météorite en feu, qui laisse une traînée bleue derrière elle : c'est ce que nous nommons une « étoile filante » ou, plus scientifiquement, un météore. Les étoiles filantes ne sont donc nullement de véritables étoiles, mais tout simplement des cailloux en train de fondre dans l'atmosphère.

De manière générale, les frottements de la météorite avec l'atmosphère suffisent à la volatiliser entièrement. Il arrive pourtant qu'une partie non consumée parvienne jusqu'à la surface terrestre...

LEXIQUE

[Météore]
Tout phénomène (nuages exceptés) observé dans l'atmosphère , et, en particulier, traits lumineux des météorites lors de leur entrée dans l'atmosphère.

... ou des trous dans le sol

Lorsqu'elle parvient au sol, une météorite va former un cratère dont l'aspect diffèrera selon sa vitesse d'arrivée et sa masse : c'est ce que l'on nomme un astroblème. Si elle est assez volumineuse, et donc très véloce, tout ou partie de son énergie cinétique va être convertie en chaleur lors de l'impact : la météorite se désintégrera alors entièrement, laissant dans le sol un cratère

D'un diamètre de 1,3 km, Meteor Crater, en Arizona (États-Unis), a été formé par l'impact d'une météorite ferreuse de 25 m de diamètre ayant percuté la Terre à 15 km/s, il y a 30000 ans.

LEXIQUE

[Astroblème]
Cratère formé par l'impact d'un corps céleste sur une planète ; du grec *astron*, « astre », et *blêma*, « blessure ».

dit « d'explosion ». Si, par contre, sa masse ne dépasse guère quelques kilos ou dizaines de kilos, sa vitesse d'arrivée sera plus faible : la météorite va générer un cratère d'impact et rester au milieu à peu près intacte. On connaît actuellement une centaine de gros astroblèmes dus à des météorites, dont le fameux Meteor Crater situé en Arizona, dont le diamètre est de 1300 m et la profondeur de 200 m. Ce dernier est dû à l'impact, il y a 30000 ans, d'une météorite d'une vingtaine de mètres de diamètre.

À chaque pluie, son radiant

Les météorites donnant lieu à des étoiles filantes tombent tout au long de l'année, mais il existe des périodes plus productives qui correspondent aux moments où la Terre croise les essaims météoritiques laissés par le passage de certaines comètes.
Le nom de chaque essaim de météorites est tiré du nom d'une constellation : Bootides pour la constellation du Bouvier (Bootes), Perséides pour la constellation de Persée, etc. En effet, dans le ciel nocturne, chaque météore d'un même essaim semble provenir d'une même direction, d'un même point commun, que l'on nomme le « radiant » de l'essaim. Lorsque ce point de convergence se

Peuvent-elles tuer ?

Les archives ne recensent qu'une seule personne ayant été tuée par une météorite : un frère franciscain en 1644. Toutefois, de gros astroblèmes (tel le Meteor Crater) laissent à penser que, parfois, les pluies météoritiques peuvent être très violentes. On attribue d'ailleurs aujourd'hui la disparition des dinosaures il y a 65 millions d'années à un déluge de débris cométaires. Ce ne sont pas les pierres elles-mêmes qui les auraient tués, mais les cratères d'impact qui, soulevant des millions de tonnes de terre, auraient changé le climat, provoquant la disparition de 75 % des espèces existant alors sur la Terre.

trouve dans une constellation, ou à proximité, le nom de l'essaim de météorites en dérive. À une époque donnée et pour un essaim particulier, il faut donc se tourner vers chaque constellation concernée pour apercevoir le plus grand nombre d'étoiles filantes.

Pour trouver des météorites

À moins que le cratère d'impact ne soit suffisament grand, il est bien difficile de trouver des météorites au sol : mêlées aux autres cailloux du terrain, ces petites pierres, ferrugineuses ou non, sont quasi impossibles à déceler. Pour cette raison, les chercheurs de météorites professionnels, qui veulent étudier la composition chimique de ces témoins des origines du système solaire, vont en Antarctique ou en Arctique : là où les météorites sont aisément repérables sur les étendues de glace blanche. De nombreux amateurs en trouvent selon le même principe durant l'été, sur les glaciers des montagnes.

Creusé par un météorite de plusieurs milliers de tonnes, le cratère de Wolfe Creek, en Australie, est parfaitement conservé malgré son million d'années.

Principaux essaims

Nom	Date du maximum *	Nombre visible en 1 heure	Comète associée à l'essaim
Bootides	3 janvier	40	Kozik-Peltier
Lyrides	21 avril	10	Thatcher
Alpha Aquarides	4 mai	20	Halley
Taurides	30 juin	20	Encke
Delta Aquarides	29 juillet	15	(origine non connue)
Perséides	12 août	50	Swift-Tuttle
Orionides	22 octobre	15	Halley
Léonides	17 novembre	10	Temple
Géminides	14 décembre	60	(origine non connue)

* Chaque essaim peut se regarder au moins 10 jours avant et après.

Les astéroïdes

Résidus de la formation des planètes, les astéroïdes voguent au-delà de l'orbite de Mars. Certains, parfois, nous alarment en s'approchant près de la Terre : ce sont les géocroiseurs.

Il y a 4,6 milliards d'années...

Le Soleil achevant de se former, un certain nombre de matériaux non utilisés, repoussés par ses explosions, se mirent en orbite sous la forme d'un disque plat. Très vite, ces poussières s'agglomérèrent pour former des corps assez semblables aux astéroïdes actuels, très nombreux, qui entrèrent en collision, se mêlant pour former les planètes. Des matériaux résiduels furent poussés vers l'extérieur du système solaire, constituant la ceinture de Kuiper et le nuage de Oort. D'autres, les astéroïdes, restèrent piégés dans le système solaire.

Entre Mars et Jupiter : la ceinture d'astéroïdes

Les planètes du système solaire se trouvent réparties à des distances qui suivent une progression géométrique ; selon la loi de Titius-Bode, une planète devrait se trouver entre Mars et Jupiter, à environ 400 millions de kilomètres du Soleil. À sa place, entre 300 millions et 600 millions de kilomètres, se trouve une vaste ceinture d'astéroïdes. On suppose qu'il s'agit d'une planète qui ne s'est jamais formée, la grosse masse de Jupiter, assez proche, empêchant la formation d'un corps important dans cette région. Minuscules et invisibles à l'œil nu, sans forme précise, avec des diamètres moyens de quelques kilomètres, les astéroïdes nous sont longtemps demeurés inconnus. Ils ne sont soudain devenus un phénomène naturel connu du grand public que lorsque, avec inquiétude, nous avons découvert que certains d'entre eux frôlaient la Terre de très près...

La menace des géocroiseurs

Dans l'album *On a marché sur la Lune*, Tintin et ses compagnons rencontrent l'astéroïde Adonis, loin de la ceinture d'astéroïdes. Il s'agit d'un géocroiseur, c'est-à-dire un astéroïde dont l'orbite croise celle de la Terre, passant même parfois entre notre planète et la Lune. On suppose que les géocroiseurs viennent des régions les plus éloignées de la ceinture d'astéroïdes et qu'ils se sont trouvés éjectés par Jupiter en direction du Soleil. Ainsi lancés dans l'espace, ils sont soumis à l'influence des diverses planètes et prennent des trajectoires très excentriques. On en recense aujourd'hui plus d'une centaine dont la

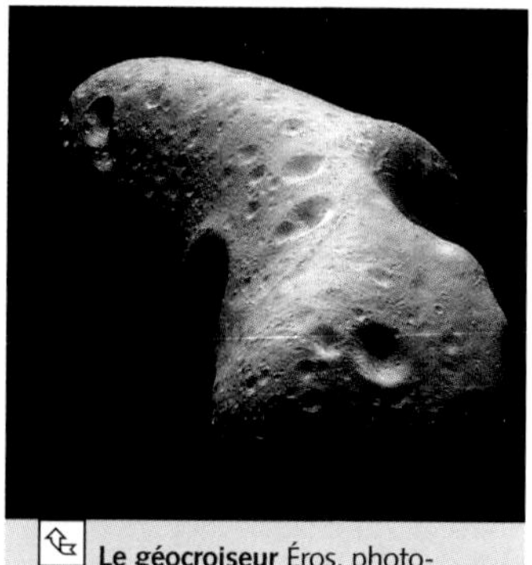

Le géocroiseur Éros, photographié par la sonde Near en 2000, mesure 34 km de long et 13 de large.

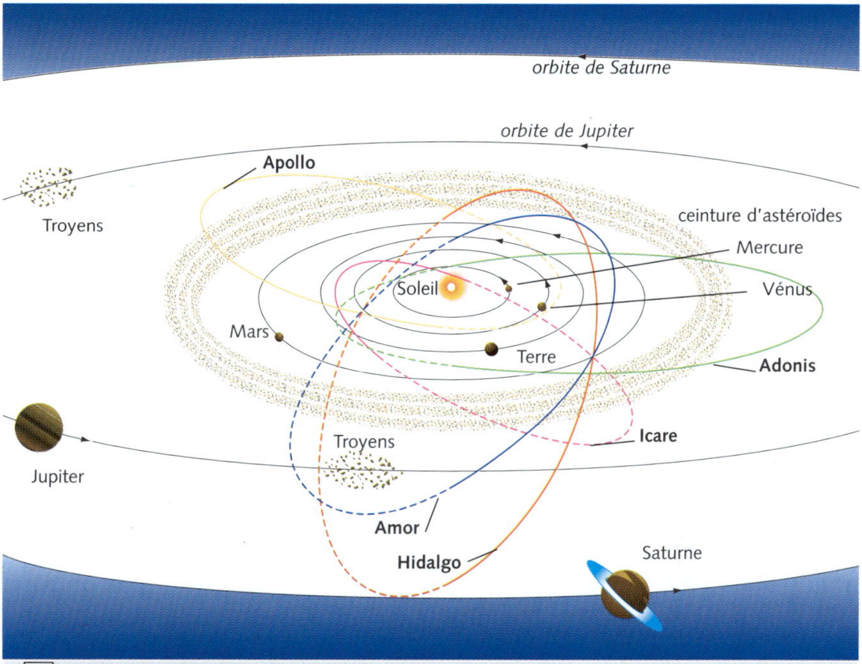

Éjectés de la ceinture principale (en rouge), les géocroiseurs s'approchent de la Terre.

taille avoisine ou dépasse 1 km, le plus grand étant Géographos (40 km). Si l'un d'entre eux frappait la Terre – tous les 60 millions d'années selon les statistiques –, il provoquerait un cataclysme, formant un cratère de 10 à 200 km de rayon.

L'impact d'un géocroiseur

Inévitable en l'état actuel de nos technologies, l'impact d'un astéroïde de plus de 500 m de diamètre sur la Terre aurait des effets dévastateurs sur les populations. Les calculs effectués par les astronomes pour les 50 prochaines années montrent qu'il n'existe aucune menace sérieuse même si, le 7 août 2027, l'astéroïde 1999 AN10 doit passer à 400 000 km « seulement » de nous. Toutefois, nous ne connaissons que la moitié des trajectoires des géocroiseurs.
Une consolation ? La Terre étant couverte à 70 % d'océans, 70 % des astéroïdes tombent… à l'eau.

Plusieurs sortes d'astéroïdes

En fonction de leur distance au Soleil, on distingue 18 classes d'astéroïdes. En général, ils sont composés de matériaux moins denses à mesure que l'on s'éloigne du Soleil. Les plus proches de notre étoile sont souvent ferreux, ou rocheux (des silicates pour l'essentiel). Plus loin, entre 400 et 600 millions de kilomètres, ils sont constitués de carbone, de composés organiques et de quelques silicates.
Plus loin encore, près de Jupiter, la majorité est formée de composés organiques et, parfois, de glaces diverses.

Quoi de plus naturel que le phénomène des éclipses ? Un corps passe devant un autre, et le cache plus ou moins entièrement. Ainsi, la Terre gravitant autour du Soleil et la Lune autour de la Terre, il arrive parfois que ces trois objets s'alignent, formant soit une éclipse de Lune, soit une éclipse de Soleil. Quoi de plus spectaculaire, aussi, et quoi de plus bouleversant tant que l'on ignore la raison des soudaines ténèbres en plein jour, ou de la coloration progressive de la Lune en rouge ? Depuis 5 000 ans que l'écriture existe, les récits faisant état de ces événements se comptent par milliers.

Éclipse totale de Soleil photographiée le 24 octobre 1995 en Inde.

Les éclipses

L'origine des éclipses

Le phénomène des éclipses paraît fort simple. Toutefois, des conditions de taille, de distance et d'alignement très précises sont nécessaires pour qu'elles surviennent.

La bonne taille et la bonne distance

La Terre suit autour du Soleil un trajet elliptique et la distance qui sépare les deux astres varie, en conséquence, entre 147 et 152 millions de kilomètres. Avec un diamètre de 1,4 million de kilomètres, le Soleil nous apparaît donc sous un angle compris entre 31 min 28 s et 32 min 31 s. La distance de la Lune à la Terre varie, elle, entre 356000 km et 406000 km. Avec un diamètre de 3500 km, le disque lunaire vu depuis la Terre fluctue de 29 min 22 s à 34 min 8 s. Il résulte de la similitude des diamètres que, chaque fois que la Lune passe entre la Terre et le Soleil avec un diamètre apparent supérieur à celui du Soleil, elle l'éclipse. Lors de l'éclipse du 11 août 1999, par exemple, le diamètre apparent du Soleil était de 31 min 34 s et celui de la Lune de 32 min 28 s. En ce qui concerne les éclipses de Lune, le phénomène est plus simple : lorsque la Lune se trouve de l'autre côté de la Terre par rapport au Soleil, l'ombre de la Terre, qui est de 9000 km de large à la distance de la Lune, la masque entièrement. Mais, alors, une question se pose : pourquoi n'y a-t-il pas une éclipse de Soleil et une éclipse de Lune à chaque lunaison ?

Mécanisme des éclipses de Lune

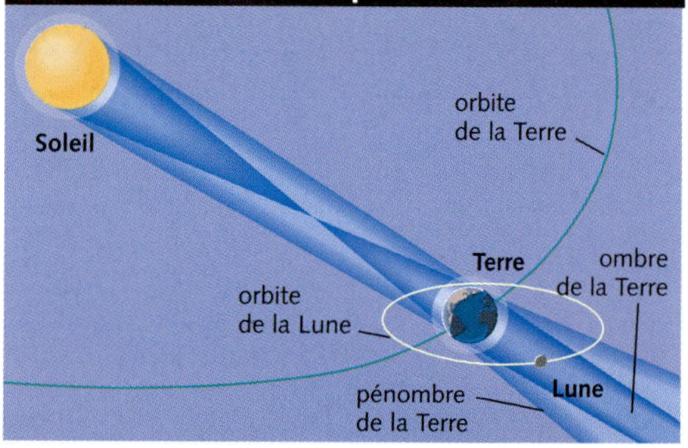

Mécanisme des éclipses de Soleil

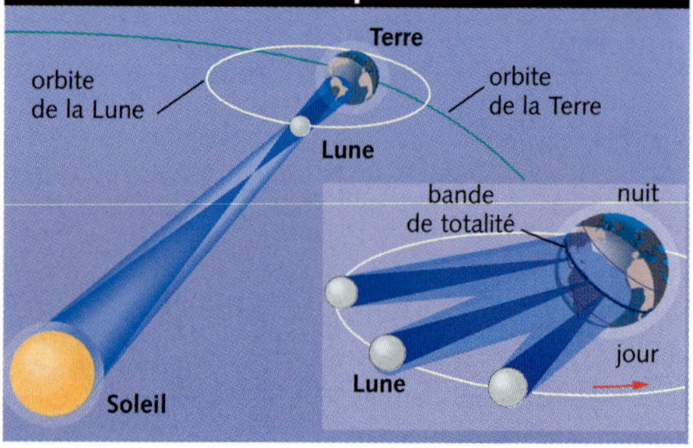

Un alignement parfait

Pour qu'un objet en éclipse un autre à notre regard, il faut bien sûr que notre regard et les deux objets soient sur une même ligne de visée, c'est-à-dire dans un même plan. Or, la Lune ne tourne pas autour de la Terre exactement

Plusieurs types d'éclipses

On regroupe sous le nom d'éclipse des phénomènes diversifiés. Au cours des éclipses de Lune, la Lune ne disparaît pas complètement, mais reste éclairée selon des intensités et des couleurs différentes. Lors des éclipses de Soleil, l'astre disparaît totalement à certains endroits de la Terre, et partiellement à d'autres (la Lune ne cachant qu'une partie du Soleil). Enfin, si, lors d'une éclipse de Soleil, la Lune se trouve trop loin de la Terre, son disque ne couvrira pas entièrement le disque solaire, laissant un anneau de lumière : il s'agira d'une éclipse annulaire.

Lorsque la Lune est trop loin de la Terre, il y a éclipse annulaire de Soleil (ici au Maroc, en avril 1994).

dans le même plan que celui de la Terre autour du Soleil (que l'on nomme « plan de l'écliptique ») : son plan forme un angle de 5,9 ° avec le plan de l'écliptique. Les éclipses sont possibles car le plan de l'orbite lunaire pivote sur lui-même lentement, selon un axe perpendiculaire au plan de l'orbite terrestre, en un cycle d'une durée de 18,61 ans. Il arrive donc, au cours de cette période, que la Terre, la Lune et le Soleil soient alignés à plusieurs reprises : sur ce que l'on nomme « la ligne des nœuds ». Si, à ce moment-là, la Lune est à la bonne distance de la Terre, alors et alors seulement, nous assistons à une éclipse totale de Soleil.

Carte *(pages suivantes)*

Une fois connus les mouvements de la Lune autour de la Terre et de la Terre autour du Soleil, il est possible de prévoir la date des éclipses de Soleil ainsi que leur durée et la largeur de leur bande de totalité. Cela exige toutefois des calculs si complexes qu'ils n'ont pu être maîtrisés qu'au XVIIIe siècle. Les éclipses de Lune sont plus faciles à prévoir.

À chacun son saros

LEXIQUE

[Ligne des nœuds] Ligne qui joint les intersections de l'orbite d'un corps en mouvement avec un plan de référence : pour les éclipses, ligne des intersections du plan de l'orbite lunaire avec le plan de l'écliptique.

En réalité, l'orbite lunaire connaît des irrégularités qui font que ce cycle de 18,61 ans se réduit à 18 ans, 11 jours et 8 heures : on nomme ce cycle « saros ». Il y a une éclipse de Soleil à une latitude donnée pour tous les saros. À une latitude donnée mais non en un point donné. Le saros, en effet, ne correspond pas à un nombre rond de jours, à cause de ses 8 heures de décalage. Après 18 ans et 11 jours, l'éclipse a lieu 8 heures plus tard que la fois précédente, c'est-à-dire à 120° plus loin vers l'ouest.

Les éclipses de Soleil

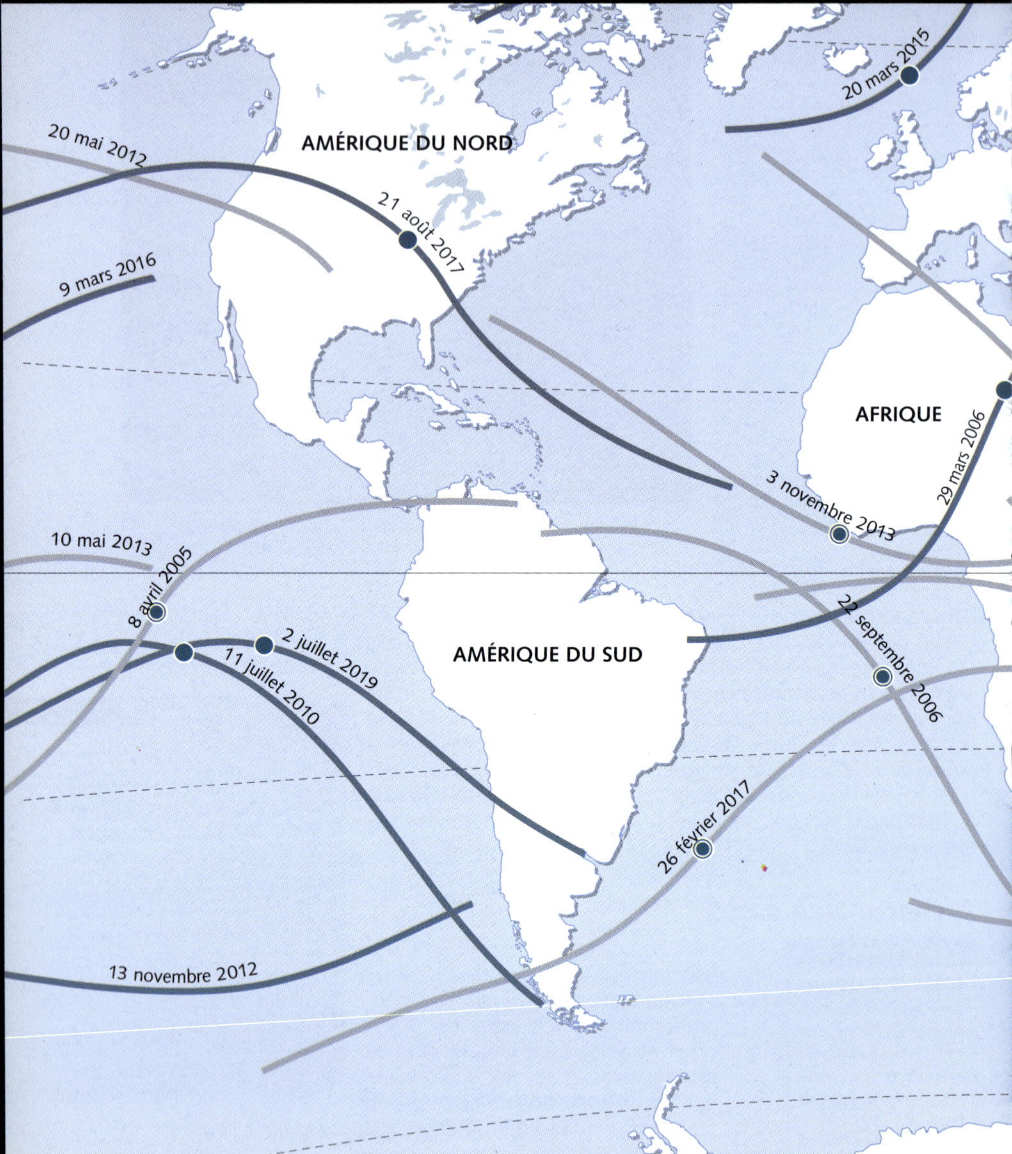

Éclipses de Soleil de 2005 à 2019 :

- bande de centralité des éclipses totales
- bande de centralité des éclipses annulaires

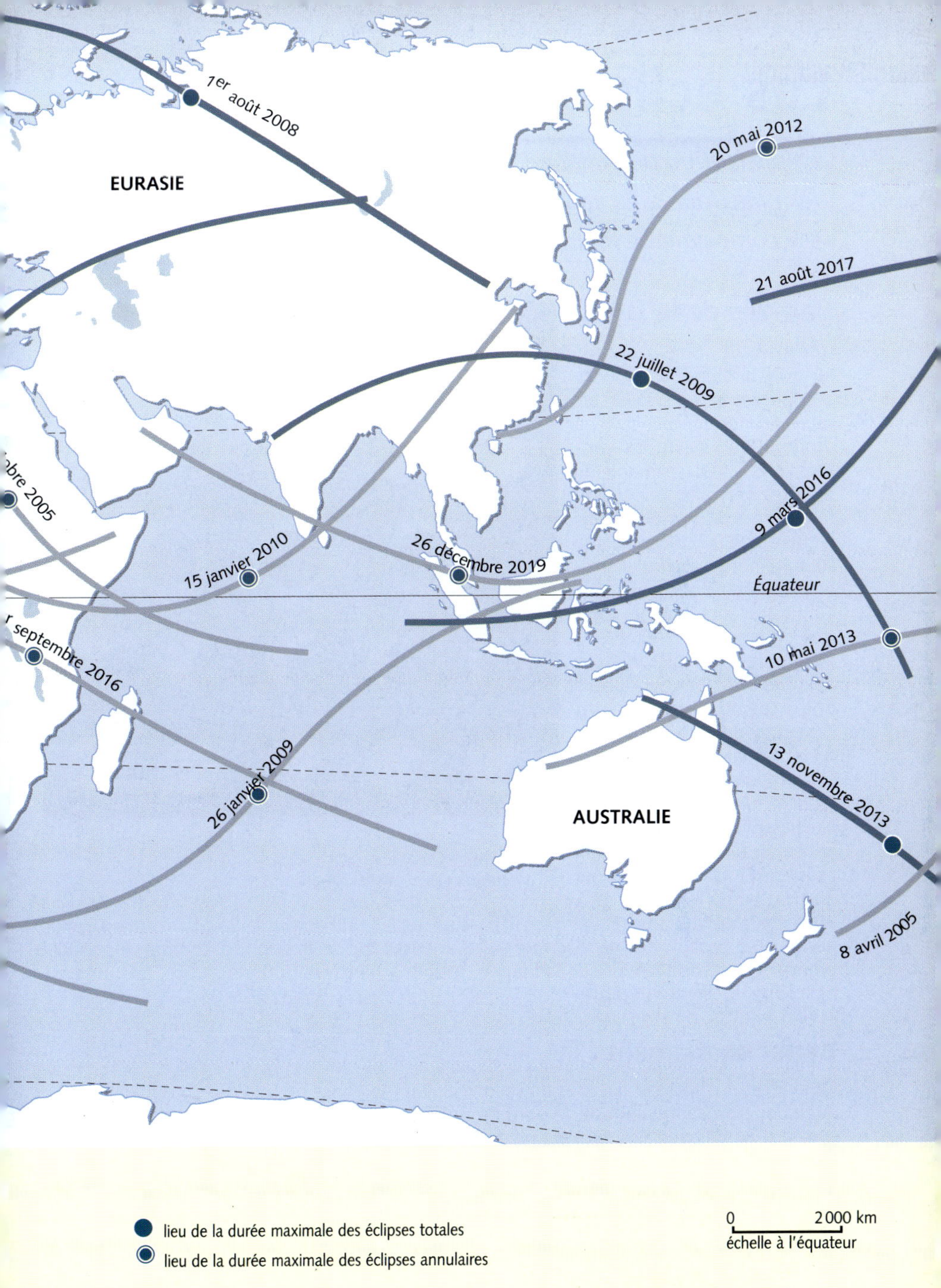
EURASIE
1er août 2008
20 mai 2012
21 août 2017
22 juillet 2009
bre 2005
9 mars 2016
15 janvier 2010
26 décembre 2019
Équateur
r septembre 2016
10 mai 2013
13 novembre 2013
26 janvier 2009
AUSTRALIE
8 avril 2005
lieu de la durée maximale des éclipses totales
lieu de la durée maximale des éclipses annulaires
0
2 000 km
échelle à l'équateur

Les éclipses de Soleil

La disparition du Soleil en plein jour est un phénomène parmi les plus troublants auquel l'humanité peut assister. Cet événement s'accompagne de maintes manifestations étonnantes.

L'arrivée de la Lune

Déroulement de l'éclipse totale de Soleil du 11 août 1999 en France. Les clichés sont pris à intervalles de 5 minutes environ.

L'éclipse de Soleil débute lorsque la Lune commence à grignoter peu à peu la surface de notre étoile par la droite. Pour suivre sa progression, il faut se munir de lunettes spéciales ou, si l'on regarde aux jumelles, les recouvrir d'un filtre solaire sous peine de se brûler irrémédiablement les yeux. La lumière solaire est en effet très dangereuse à regarder ; les lunettes de soleil n'étant absolument pas efficaces pour regarder directement l'astre solaire, on utilise des filtres ne laissant passer que 1/1 000 ou 1/10 000 de l'intensité lumineuse générale. La baisse de la luminosité se fait sentir lorsque l'éclipse est proche de la totalité, alors que la Lune recouvre déjà 90 % de la surface solaire. Pendant le passage de la Lune devant le Soleil, un curieux phénomène se produit au sol : les taches lumineuses qui se trouvent à l'ombre des arbres prennent une forme elliptique, allongée, toutes échancrées du même côté, comme l'est le Soleil partiellement éclipsé.

L'effet de diamant

Quelques secondes ou dizaines de seconde avant la phase de totalité, on remarque quelques points lumineux sur le bord du Soleil. Ces points, appelés « grains de Baily », sont dus au passage des derniers rayons solaires à travers le relief lunaire.
Le dernier point sera le plus lumineux, car, déjà, la nuit s'est installée dans le ciel.
Ce phénomène, qui ne dure que de 3 à 5 secondes, se nomme « effet de diamant ».

Éclipse totale de Soleil photographiée au Chili le 3 novembre 1994. Le Soleil apparaît brillant et non pas noir, à cause de la couronne solaire dont le halo a surexposé la photographie à cet endroit.

Durant la phase de totalité

La Lune, enfin, couvre entièrement la surface solaire : c'est la phase de totalité, durant laquelle on peut enlever ses lunettes de protection. Il fait nuit, ou presque, et l'on aperçoit dans le ciel les étoiles les plus brillantes, parfois même des étoiles filantes.

Il y a beaucoup de phénomènes à observer durant la phase de totalité, et en peu de temps puisqu'elle ne dure au maximum que 7 minutes et 6 secondes, souvent bien moins : à peine 2 ou 3 minutes.

Le disque solaire une fois masqué, un grand halo de lumière argentée, aux contours irréguliers, apparaît : il s'agit de la couronne solaire, qui est l'atmosphère de notre étoile et qui s'étend sur plusieurs millions de kilomètres. Plus proche du disque, on distingue également un mince anneau aux teintes rosées : c'est la chromosphère, d'où jaillissent parfois de longs jets de gaz incandescent, les protubérances solaires.

Sur terre, on peut observer que, pendant toute la phase où la Lune passe devant le Soleil, la température baisse très rapidement, de plusieurs degrés en quelques secondes, et que se lève un vent frais. C'est alors qu'un étrange silence s'installe dans la nature : les oiseaux cessent de chanter et de nombreux animaux cherchent à se coucher pour dormir.

228 éclipses de Soleil

Lorsque la Lune vient se placer entre le Soleil et la Terre (nouvelle lune), il peut se produire une éclipse de Soleil. Pour cela, il faut toutefois que la Terre, la Lune et le Soleil soient parfaitement alignés (sur la ligne des nœuds) et que le diamètre apparent de la Lune soit au moins égal ou supérieur à celui du Soleil afin de le masquer entièrement (pour une éclipse totale). Il y a eu, au cours du xxe siècle, 228 éclipses de Soleil, totales ou partielles.

Les éclipses de Lune

Bien que progressives et ne transformant pas soudain la nuit en jour ou le jour en nuit, les éclipses de Lune n'en sont pas moins un phénomène très spectaculaire à observer.

Ombres et pénombres

Comme tous les objets éclairés sur une face par le Soleil, la Terre traîne derrière elle (du côté « nuit ») une zone de pénombre dont la région centrale, plus sombre, est appelée « ombre ». Lorsque la Lune passe dans la pénombre ou l'ombre de la Terre, sa luminosité baisse, mais nous continuons de la voir. Si ce satellite n'est ainsi pas complètement occulté, c'est que notre globe est entouré d'une atmosphère qui dévie les rayons solaires. Grâce à ce phénomène, que l'on nomme « réfraction », les rayons solaires sont déviés en passant tangentiellement à l'atmosphère, ce qui laisse derrière la Terre un cône d'ombre et non un cylindre. La pointe de ce cône d'ombre est située à 268 000 km de la Terre, c'est-à-dire qu'elle est plus proche de la Terre que la Lune, dont la distance moyenne est de 384 000 km.
La Lune ne passe donc jamais dans le véritable cône d'ombre de la Terre, mais seulement dans une zone de pénombre relative dont le diamètre est d'environ 9 000 km. Toutefois, parce que celle-ci est tout de même plus sombre que la pénombre, on la nomme « zone d'ombre », ce qui entraîne des confusions.

La réfraction, par l'atmosphère terrestre, des rayons rouges de la lumière solaire, colore la Lune lorsqu'elle passe dans le cône d'ombre terrestre.

LEXIQUE

[Réfraction]
Changement de direction d'une onde passant d'un milieu à un autre : la lumière solaire est réfractée par l'atmosphère terrestre, chaque rayon subissant une déviation fonction de sa longueur d'onde.

Pourquoi la Lune devient rouge

Lorsque la Lune éclipsée passe dans la zone d'ombre de la Terre, elle se colore peu à peu en rouge. Deux faits expliquent cette coloration. D'abord, la lumière solaire n'est pas uniforme : elle se décompose en 7 rayons de couleurs différentes, depuis le bleu (et le violet) jusqu'au rouge. Ces rayons n'ont ni la même longueur d'onde ni la même énergie. Ils sont donc réfractés différemment par l'atmosphère terrestre.
Peu énergétiques, les bleus sont tous dispersés (c'est pourquoi le ciel nous paraît bleu).

Les rouges, eux, sont les derniers à être dispersés et leur réfraction forme un cône de lumière rouge loin derrière la Terre, dans la zone de pénombre le plus intense. La Lune devient rougeâtre en traversant cette zone.

Éclipses de Lune en Europe

Date	Entrée dans l'ombre*	Milieu*	Sortie de l'ombre*
08.11.2003	23 h 32	1 h 18	3 h 04
04.05.2004	18 h 48	20 h 30	22 h 11
28.10.2004	1 h 14	3 h 04	4 h 53
17.10.2005	11 h 35	12 h 03	12 h 31
03.03.2007	21 h 30	23 h 20	1 h 11
21.02.2008	1 h 43	3 h 25	5 h 08
21.12.2010	6 h 32	8 h 16	10 h 01

* Heures en temps universel

Observer une éclipse de Lune

On peut observer les éclipses de Lune à l'œil nu, mais le spectacle gagne en qualité avec des jumelles. On remarque tout d'abord un léger affaiblissement de la luminosité lorsque la Lune entre dans la zone de pénombre de la Terre. Puis, une petite échancrure plus sombre se forme sur le bord gauche du disque, jusqu'à l'envahir tout entier. Cette ombre qui paraît d'abord grisâtre se teinte ensuite de rouge. L'éclipse devient alors totale et la couleur rougeâtre recouvre entièrement le disque lunaire. Le diamètre de la zone d'ombre étant près de 3 fois le diamètre lunaire, la Lune peut rester ainsi éclipsée près de 2 heures, puis le phénomène inverse se produit : un croissant plus lumineux apparaît (toujours du côté gauche du disque lunaire), qui s'élargit progressivement jusqu'à ce que, lorsqu'elle est sortie de la pénombre terrestre, la Lune ait retrouvé toute sa luminosité.

Menacé par des tribus indiennes, Christophe Colomb annonça, le 29 février 1504, qu'il « priverait la Lune de sa lumière ». L'éclipse de Lune de la nuit suivante lui soumit les tribus révoltées : on distingue une lune noire dans le coin supérieur droit de cette allégorie de son voyage.

La prévision des catastrophes naturelles

Les catastrophes naturelles, qui surprennent par leur intensité ou leur évolution, mobilisent à juste titre la communauté scientifique. Mais, si la prévention des risques reste aujourd'hui la meilleure manière d'éviter un drame, le coût de cette prévention n'est souvent accessible qu'aux pays riches.

Des volcans sous surveillance

Les prévisions des éruptions volcaniques ont connu ces dernières années une grande amélioration. Les éruptions sont toujours précédées par divers phénomènes avant-coureurs (augmentation de l'activité sismique, dilatation de la croûte terrestre) qu'il est possible de détecter et de mesurer. Les trémors, ces secousses prééruptives, sont enregistrés par des sismographes. En outre, les centres de surveillance disposent de plus en plus souvent d'extensomètres, des appareils mesurant le gonflement du sol sous l'effet de la poussée magmatique ; d'inclinomètres, qui mesurent les changements de pente ; et parfois d'un balisage cartographique en 3 dimensions, effectué grâce à des mesures GPS (Global Positioning System, un système de localisation par satellites). La prévision à moyen terme est donc aujourd'hui relativement aisée. Ce qui l'est moins, c'est la prévision à court terme. La couche superficielle de la croûte terrestre étant plus tendre que la couche moyenne, elle peut céder subitement. Cette accélération finale reste largement imprévisible, de même que l'intensité réelle du phénomène. Dans ces conditions, la décision la plus importante, qui consiste à évacuer les populations, est toujours délicate à prendre. Les habitants qui doivent abandonner leur domicile se retrouvent dans une situation précaire qu'il peut être dramatique de prolonger. Enfin, ces progrès ne doivent pas masquer le fait que peu de volcans en activité possèdent un arsenal complet de surveillance. Par ailleurs, on ne surveille que les volcans considérés comme actifs. Or, l'expérience montre que les éruptions les plus graves se sont produites après un long sommeil.

Imprévisibles séismes

Contrairement aux éruptions, les séismes n'envoient aucun signal précurseur avant de se déclencher. Et si les zones de fragilité de l'écorce terrestre sont connues, ils peuvent se déclencher en dehors de ces zones, selon des mécanismes encore mal compris. Le risque sismique est donc très délicat à estimer, et les prévisions sont quasiment impossibles. Certains modèles scientifiques tentent cependant d'établir une corrélation entre la survenue de petits séismes et celle des séismes destructeurs. Plusieurs études montrent que le nombre des petits séismes diminue et que leur taille augmente jusqu'à atteindre une magnitude maximale qui provoque la rupture de faille. Mais cette relation, très contestée, ne s'applique pas partout. Une autre piste de recherche est offerte par l'analyse des contraintes de tension qui s'exercent le long des grandes failles naturelles du globe. Une étude récente, effectuée sur la grande faille nord-anatolienne (Turquie), montre que lorsqu'un grand séisme se produit, une part notable des contraintes qui s'exerçaient dans la région n'est pas libérée mais simplement transférée en d'autres points de la faille, selon des modalités précises. Il devient donc possible de dire dans quelle région le prochain séisme aura lieu. Cette étude prévoit ainsi un tremblement de terre majeur dans la région d'Istanbul dans les 20 prochaines années. Mais nous sommes toutefois encore loin de la prévision à court terme. Les facteurs qui déclenchent un séisme sont en effet très nombreux, trop mal compris, et la connaissance du sous-sol encore trop incomplète pour pouvoir effectuer des prévisions.

Des cyclones versatiles

La formation d'un cyclone peut aujourd'hui difficilement passer inaperçue. La veille cyclonique est coordonnée au niveau international par l'Organisation météorologique mondiale. Celle-ci a désigné dans chaque bassin océanique un centre régional spécialisé. Il en existe à Miami, Tokyo, New Delhi, Fidji, St-Denis-de-la-Réunion. Ces centres détectent les phénomènes, tentent de prévoir leur évolution et diffusent les messages d'alerte. Par ailleurs, les satellites météorologiques visualisent les cyclones. Mais il est encore impossible de prévoir leur formation, et très difficile de modéliser leur évolution. Suivant la couche de l'atmosphère à laquelle ils sont reliés, ils peuvent se renforcer ou se relâcher, ou bien encore changer subitement de direction, voire s'arrêter plusieurs jours en plein Atlantique, comme ce fut le cas du cyclone Mitch en 1998. La prévision est d'autant plus difficile que les points qui enregistrent les indicateurs météorologiques sur mer (les bouées, les bateaux, les avions) sont nettement moins nombreux que sur terre.

Le risque hydrologique

Les inondations peuvent avoir des causes multiples : ruissellements dus à la fonte des neiges, crues d'orages, embâcles, débâcles glaciaires, tsunamis, cyclones, écoulements d'averses en ville, rupture d'un barrage ou d'une digue, etc. En plus de l'inondation des champs et des habitations, ces événements peuvent déclencher des torrents d'eau ou de boue, ainsi que des glissements de terrain. Il est difficile et coûteux de contrer une inondation. La politique qui a prévalu jusqu'à ces dernières années consistait à construire des structures permettant de maîtriser les fleuves dont le danger était connu. On a construit de nombreux barrages et digues ont été construits, dérivé des fleuves pour éviter les zones à risque, aménagé des bassins de stockage, étudié des dispositifs pour drainer les eaux de pluie en ville. Aujourd'hui, la vision des risques d'inondation se veut plus globale, à l'échelle d'un bassin versant. Des logiciels capables de simuler le comportement des fleuves et des rivières au moment de la fonte des neiges ou lors de précipitations particulièrement abondantes apparaissent. Ils devraient permettre une meilleure gestion du risque, grâce à la surveillance constante de plusieurs paramètres : quantité de neige en altitude, prévisions météorologiques, débit des fleuves et des rivières, capacité d'absorption de sols en fonction de leur humidité. Difficile cependant d'appliquer une surveillance aussi étroite sur tous les fleuves. La meilleure parade aux inondations consiste donc à éviter la construction d'habitations dans des zones inondables, à limiter l'implantation de campings au bord des rivières, à respecter les plans d'occupation des sols. Contrairement aux risques volcaniques, sismiques et cycloniques, le risque d'inondation peut être limité par des infrastructures. Ces infrastructures ne peuvent néanmoins rien contre une inondation massive dans des régions très peuplées. Là encore, l'amélioration de la prévision météorologique permet souvent de prévenir et d'évacuer les populations.

La fuite est finalement aujourd'hui encore la seule réponse que l'on peut apporter aux colères de la Terre. Et si le temps dont nous disposons s'allonge au fil des décennies, l'aide aux personnes sinistrées reste un problème de politique publique délicat.

Le Déluge, mythe ou réalité ?

Nombreux sont les récits anciens à l'évoquer. Aujourd'hui, les données scientifiques s'accumulent : un déluge aurait bien eu lieu sur les rives de la mer Noire.

Le mythe

Le Déluge hante de nombreuses civilisations sur tous les continents, en Chine, en Amérique du Nord, en Afrique, et particulièrement dans tout le Croissant fertile. De la Turquie au golfe Persique, des récits décrivent une inondation subite ayant submergé la Terre entière, épargnant quelques humains et animaux réfugiés sur un bateau. La première version du Déluge dans cette région à nous être parvenue date du troisième millénaire avant Jésus-Christ. Elle fait partie d'un texte connu sous le nom d'épopée de Gilgamesh, écrit en langue akkadienne sur des tablettes d'argile cuite retrouvées en Mésopotamie. Les ressemblances en font une inspiratrice certaine de la version la plus connue aujourd'hui : celle de la Bible. Les livres VI à VIII de la Genèse relatent en effet l'histoire de Noé, prévenu par Dieu de l'imminence d'une catastrophe déclenchée pour punir les hommes de leur méchanceté.

La science

Le Déluge biblique est sans doute un des passages qui a le plus inspiré les scientifiques. De nombreux savants chrétiens ont tenté, depuis le Moyen Âge, de renforcer la crédibilité de cette histoire en tentant de reconstituer scientifiquement l'arche de Noé. Les questions qui les taraudaient à l'époque étaient les suivantes : quelles espèces étaient effectivement présentes dans le bateau ? Comment y étaient-elles réparties pour prendre si peu de place ? Quelle organisation pratique présidait à la vie quotidienne dans l'arche ? Plus tard, au XIXe puis au XXe siècle, les historiens se sont emparés du récit biblique. Celui-ci n'est plus perçu comme une retranscription exacte de la réalité des faits, mais comme la réappropriation d'un mythe qui se voit réinterprété dans un cadre religieux précis. L'idée surgit que ce mythe est peut-être la trace d'un événement historique marquant dont le souvenir a été transmis oralement au fil des générations. On a ainsi longtemps pensé que l'histoire du Déluge et de l'arche de Noé trouvaient leur source dans une crue exceptionnelle des fleuves Tigre et Euphrate. Ceux-ci submergeaient en effet régulièrement les cultures installées dans la plaine large et plate de la Mésopotamie. Mais aucune trace sédimentaire ne venait appuyer cette théorie.

La piste de la mer Noire

En 1996, des experts en géologie marine américains, William Ryan et Walter Pitman, soutenus par des collègues turcs et arméniens, ont émis l'hypothèse d'une brusque montée des eaux de la mer Noire. Depuis, les sondages marins et les explorations des fonds ont apporté de nombreux arguments en leur faveur.

Il y a 12 000 ans se terminait en effet la dernière glaciation. Le niveau des océans, abaissé de 120 m depuis des millénaires, s'est mis à remonter. Dans ce contexte, la Méditerranée aurait commencé par envahir la mer de Marmara. Les eaux seraient restées bloquées quelques milliers d'années dans cette mer, puisque le détroit du Bosphore, qui aujourd'hui la relie à la mer Noire, n'était pas encore ouvert. Les sondages effectués par Ryan et Pitman ont montré que le niveau de la mer devait alors être surélevé de 150 m par rapport à celui du Pont-Euxin, ce lac qui deviendra la mer Noire. Puis, sous la pression des eaux, une barrière rocheuse aurait cédé, il y a environ 7 500 ans. Les eaux salées de la Méditerranée se seraient alors brutalement déversées dans les eaux douces du lac à raison de 1 000 à 2 000 mètres cubes par jour. Pendant des mois, l'eau aurait progressé sur les rives de la mer Noire à une vitesse de 1 à 2 km par jour. Les prélèvements de dépôts sédimentaires en témoignent : à cette époque, les coquillages d'eau douce ont été remplacés par des coques et des moules. La dernière coquille d'eau douce date d'il y a 8500 ans et la coquille d'eau salée la plus ancienne date de 7500 ans. Entre les deux couches, on trouve un important mélange de coquilles concassées, signe d'un événement faisant intervenir des forces très importantes. Les riverains auraient pris la fuite, abandonnant des huttes de bois dont on a retrouvé des vestiges. Certains d'entre eux auraient trouvé refuge en Mésopotamie, où se développa le mythe du Déluge que l'on connaît aujourd'hui.

Représentation du Déluge sur une miniature du *Beatus* de Liébana (abbaye de Saint-Sever, milieu du XIe siècle), Bibliothèque nationale de France.

Les doutes

Toutefois, tout le monde ne s'accorde pas sur le scénario brossé ci-dessus. La faiblesse principale de cette hypothèse est en effet de contredire les données de l'analyse du rivage du Danube, à l'endroit où il se jette dans la mer Noire : les cordons littoraux de ce fleuve affichent en effet 12 000 ans, comme si le niveau de la mer n'avait pas varié brutalement.

Si le Danube ne révèle aucune trace d'un va-et-vient brutal d'eau, il ne fait désormais aucun doute que la mer Noire a bien connu, elle, une submersion de ses eaux douces par de l'eau salée il y a environ 7 500 ans. On retrouve encore aujourd'hui un courant « fossile » qui garde la mémoire de l'inondation : dans les Dardanelles, alors que le courant de surface va de la mer Noire vers la Méditerranée, les eaux de profondeur circulent en sens inverse.

Néanmoins, l'inondation a peut être alors été moins violente que Ryan et Pitman ne le pensent. Une équipe internationale menée par Ali Aksu a suggéré en 1999 que les fleuves Dniepr, Don et Danube, chargés de la débâcle des glaces de Sibérie et d'Europe du Nord, auraient fait monter le niveau de la mer Noire jusqu'à une altitude comparable à celle de la Méditerranée. La jonction aurait alors eu lieu en douceur. Les doutes subsistent donc sur les modalités de l'inondation, pas sur sa réalité. Quant à affirmer que la crue de la mer Noire est celle qui a donné lieu au récit du Déluge que l'on trouve dans la Genèse, il y a là un pas que la science ne peut pas franchir seule…

Lexique

[Ablation (zone d')]
voir Zone d'ablation

[Accrétion (zone d')]
voir Zone d'accrétion

[Accumulation (zone d')]
voir Zone d'accumulation

[Année-lumière]
Unité de longueur équivalant à la distance parcourue en un an par la lumière dans le vide, soit 9 500 milliards de kilomètres.

[Anticyclone]
Masse atmosphérique de haute pression, siège de mouvements descendants.

[Appareil volcanique]
Matière qui entoure le volcan et participe à sa fonction.

[Astroblème]
Cratère formé par l'impact d'un corps céleste sur une planète ; du grec *astron*, « astre », et *blêma*, « blessure ».

[Bassin versant]
Région drainée par un cours d'eau et tous ses affluents.

[Caldera]
Désigne un effondrement du toit du volcan, dû à une éruption particulièrement violente.

[Centrifuge (force)]
voir Force centrifuge

[Cirque]
Dépression semi-circulaire, à bords raides, formée à l'amont d'un glacier.

[Colonne plinienne]
Panache de pyroclastites ayant la forme d'un pin parasol, et qui se forme au-dessus de la bouche d'un volcan en éruption quand le magma contient une forte proportion de gaz dissous et quand il a été compressé en s'insinuant dans une cheminée étroite.

[Composés organiques]
Molécules de carbone (aldéhydes, acides aminés, etc.) constituant les organismes vivants.

[Condensation]
Passage d'un état gazeux à un état liquide.

[Coriolis (force de)]
voir Force de Coriolis

[Cratère]
Orifice occupant généralement le sommet d'un volcan.

[Cristal]
Corps solide qui se caractérise par un empilement régulier et périodique d'atomes.

[Cumulo-nimbus]
Gros nuage sombre, qui se développe verticalement, et qui est susceptible de déclencher un orage.

[Débit]
Quantité d'eau qui s'écoule à un moment donné dans un intervalle de temps donné. Le débit se mesure en mètres cubes par seconde.

[Dépression]
Masse atmosphérique de basse pression, siège de mouvements ascendants.

[Dorsale océanique]
Fracture sous-marine par laquelle le magma s'injecte et reconstitue le fond océanique.

[Elliptique]
En astronomie, décrit la trajectoire courbe et plane d'un objet, de forme plus ou moins allongée, dont l'un des foyers est le Soleil.

[Épicentre]
Point de la surface le plus proche du foyer.

[Épicentre macrosismique]
Lieu de plus forte intensité ressentie.

[Faille]
Résultat d'une rupture d'un ensemble rocheux.

[Force centrifuge]
Force d'inertie subie par un corps en rotation qui l'éloigne du centre de sa trajectoire.

[Force de Coriolis]
Force due à la rotation de la Terre, qui a pour effet de dévier tout objet en mouvement vers sa droite dans l'hémisphère Nord, vers sa gauche dans l'hémisphère Sud.

[Foyer]
Lieu de démarrage de la rupture d'un ensemble rocheux.

[Front]
Zone de transition entre deux masses d'air atmosphériques, caractérisées par une température et un taux d'humidité différents.

[Fumerolles]
Émissions gazeuses d'un volcan.

[Géothermie]
Ensemble des phénomènes thermiques internes du globe terrestre ; leur étude scientifique.

[Gravitation]
Force responsable de l'attraction de tous les corps matériels, proportionnelle à leur masse et inversement proportionnelle au carré de la distance qui les sépare.

[Hyperbolique]
En astronomie, décrit la trajectoire courbe et plane d'un objet, de forme plus ou moins allongée, dont le premier foyer est le Soleil et le second un point situé à l'infini.

[Ionosphère]
Zone de la haute atmosphère caractérisée par la présence de particules chargées électriquement.

[Ions]
Atomes ayant perdu ou (gagné) un ou plusieurs électrons, et donc chargés électriquement au lieu d'être neutres.

[Ligne des nœuds]
Ligne qui joint les intersections de l'orbite d'un corps en mouvement avec un plan de référence : pour les éclipses, ligne des intersections du plan de l'orbite lunaire avec le plan de l'écliptique.

[Lithosphère]
Couche externe de la croûte terrestre fragmentée en plaques tectoniques.

[Lumineux (rayon)]
voir Rayon lumineux

[Maar]
Cratère provenant de la rencontre du magma ascendant avec un réservoir d'eau.

[Magma]
Liquide formé à l'intérieur de la Terre par fusion des roches qui la composent.

[Mésosphère]
Partie de l'atmosphère terrestre située au-dessus de la stratosphère, entre 40 km et 80 km d'altitude.

[Météore]
Tout phénomène observé dans l'atmosphère (nuages exceptés), et, en particulier, traits lumineux des météorites lors de leur rentrée dans l'atmosphère.

[Moraine]
Champ de débris rocheux entraînés puis abandonnés par un glacier.

[Organiques (composés)]
voir Composés organiques

[Plasma]
Fluide composé de molécules gazeuses électriquement neutres.

[Plinienne (colonne)]
voir Colonne plinienne

[Ponce]
Roche volcanique poreuse, très légère.

[Pyroclastites]
Ensemble des projections de débris émis par un volcan : poussières, cendres (2 mm de diamètre), lapilli (de 2 à 64 mm) et bombes, ou blocs (plus de 64 mm).

[Rayon lumineux]
Trajectoire empruntée par la lumière pour aller d'un point à un autre.

[Réfraction]
1. Changement de direction d'une onde passant d'un milieu à un autre : la lumière solaire est réfractée par l'atmosphère terrestre, chaque rayon subissant une déviation qui est fonction de sa longueur d'onde.
2. Phénomène d'enroulement de la vague sur elle-même, dû aux vitesses différentes qui animent des fractions de vague situées à des hauteurs différentes.

[Rift]
Vallée d'effondrement créée par des tensions de la lithosphère.

[Sismologie]
Science des tremblements de terre.

[Subduction (zone de)]
voir Zone de subduction

[Surfusion]
Phénomène par lequel un corps reste liquide en dessous de sa température habituelle de solidification.

[Tsunami]
Raz-de-marée provoqué par une perturbation brutale de la colonne d'eau, résultant par exemple d'un séisme ou d'une éruption volcanique.

[Typhon]
Appellation des cyclones en Extrême-Orient.

[Verglas]
Couche de glace transparente et lisse.

[Volcanique (appareil)]
voir Appareil volcanique

[Zéolite]
Silicate naturel poreux d'origine volcanique ; signifie littéralement, en grec ancien, « pierre qui bout ».

[Zone d'ablation]
Zone de perte de masse d'un glacier.

[Zone d'accrétion]
Zone d'écartement entre deux plaques tectoniques, qui voit le renouvellement de la matière lithosphérique par apport de magma.

[Zone d'accumulation]
Zone où un glacier gagne en masse.

[Zone de subduction]
Zone où se produit l'enfoncement d'une plaque lithosphérique (océanique en général) sous une autre (continentale dans la plupart des cas).

Adresses utiles

France

Association française d'astronomie (AFA)
17, rue Émile-Deutsch-de-la-Meurthe, 75014 Paris

Institut de physique du globe
Observatoires volcanologiques et sismologiques,
4, place Jussieu, 75252 Paris Cedex 05

Maison du volcan
RN3, Bourg-Murat, 97418
La Plaine-des-Cafres,
La Réunion

Météo-France
Médiathèque, 2, avenue Rapp, 75340 Paris Cedex 07

Muséum national d'histoire naturelle
Galeries de minéralogie et de géologie, 36, rue Geoffroy-Saint-Hilaire,
75005 Paris

Société astronomique de France (SAF)
3, rue Beethoven, 77016 Paris

Vulcania
S.E.M. Volcans, route de Mazayes, 63230 Saint-Ours-les-Roches

Suisse

Société astronomique suisse
10, rue du Marais-Long,
1217 Meyrin

Belgique

Société royale belge d'astronomie
3, avenue Circulaire,1180 Bruxelles

Canada

Fédération des astronomes amateurs du Québec (FAAQ)
4545, avenue Pierre-de-Coubertin, casier postal 1000, Montréal HIV 3R2

États-Unis

American Museum of Natural History
Central Park West at 79th Street, New York, NY 10024-5192

Sites internet

Phénomènes célestes
Bureau des longitudes
http://www.bdl.fr

Société astronomique de France
http://www.iap.fr/saf

Éclipses
http://sunearth.gsfc.nasa.gov/eclipse/eclipse.html

Météorites et astéroïdes
Muséum national d'histoire naturelle
http://www.mnhn.fr

Site américain
http://astrosun.tn.cornell.edu/staff/bottke

Comètes
Bureau des télégrammes astronomiques
http://www.harward.edu/cfa/ps/chat.html

Divers
http://www.vulcania.com/

http://www.usgs.gov/

http://www.brest.ird.fr/geodyn/

http://volcano.und.nodak.edu/

http://www.brgm.fr/volcan/

http://www.geo.mtu.edu/volcanoes/world.html

http://www.la-terre.net

http://www.oieau.fr

http://www.sb-roscoff.fr

http://www.univ-st-etienne.fr/crenam/donnee/cours/etli/merpolaire.html

http://www.meteo.org

http://www.meteo.fr

http://www.islandnet.com/~see/weather/elements/icestorm.htm

Bibliographie

Bardintzeff (Jacques-Marie)
Volcans
Armand Colin, Paris, 1993

Barois (Patrick)
Le Tour du monde des volcans
collection *Documents*, Le Cherche Midi éditeur, Paris, 1998

Bethemont (Jacques)
Les Grands Fleuves
collection *U*, Armand Colin, Paris, 2002

Bourdial (sous la direction d'Isabelle)
La Planète Terre
collection *Portail des sciences*, Larousse, Paris, 2002

Bourseiller (Philippe) et Durieux (Jacques)
Des volcans et des hommes
La Martinière, Paris, 2001

Bouteloup (Jacques)
Vagues, marées, courants marins
collection *Que sais-je ?*, PUF, Paris, 1979

Carion (Alain)
Les Météorites et leurs impacts
Masson, Paris, 1997

Etienne (Jean-Louis)
Mission banquise
Seuil, Paris, 2002

Frankel (Charles)
Les Volcans du système solaire
collection *Espace*, Armand Colin, Paris, 1993

Haddad (Leila)
Les Volcans
collection *Carnets de nature*, Milan, Toulouse, 2000

Haddad (Leila) et Jagerschmidt (Vincent)
Les Tremblements de terre
collection *Carnets de nature*, Milan, Toulouse, 2000

Krafft (Maurice)
Les Feux de la Terre : histoire des volcans
collection *Découvertes*, Gallimard, Paris, 1991

La Cotardière (Philippe de)
Observer les éclipses de Soleil et de Lune
collection *Multiguides astronomie*, Bordas, Paris, 2000

Merlin (Jean-Claude) et Verderet (Michel)
Les Comètes
Tessier et Ashpool, Guildford (Royaume-Uni), 1995

Sutherland (Lin)
Les Volcans et les tremblements de terre
collection *Larousse explore*, Larousse, Paris, 2001

Tazieff (Haroun)
Les Volcans et la dérive des continents
collection *Quadrige*, PUF, Paris, 1991

Toutain (Sylvie-Caroline) et Jagerschmidt (Vincent)
Tempêtes et cyclones
collection *Carnets de nature*, Milan, Toulouse, 2001

Zanda (sous la direction de Brigitte)
Les Météorites
collection *Carnets d'histoire naturelle*, Bordas, Paris, 1996

La Terre, une planète active
collection *Encyclopédie des jeunes*, Larousse, Paris, 1996

Index

Les chiffres en *italique* renvoient aux illustrations.
Les pages en **gras** présentent le thème de façon significative.

Crédits des illustrations

Photographies

Couverture 1er plat © P. Menzel/Cosmos (fond) – © Bourseiller/Du/Hoa-Qui (vignette) ; couverture 2d plat © P. Menzel/Cosmos – 1 © W. Wisniewski/Jacana ; 4-5 © I. et V. Krafft/Hoa-Qui ; 6 © K. Kent/S. P. L./Cosmos ; 8 et 9 © F. Scianna/Magnum ; 11 © P. Bourseiller/Hoa-Qui ; 14 © Jouan/Ruis/Hoa-Qui ; 15 © Krafft/I & V/Hoa-Qui ; 17 © B. Barbey/Magnum ; 19 © Corbis ; 20 © AFP ; 21 © P. Turnley/Corbis ; 22 © Krafft/I & V/Hoa-Qui ; 23 © Bourseiller/Durieux/Hoa-Qui ; 24 © Ph. Bourseiller/Hoa-Qui ; 25 © C. Hug-Fleck/Anzenberger/Cosmos ; 26 et 27 © P.J. Griffiths/Magnum ; 32 © Pagnotta/Cosmos ; 33 © AKG ; 34 © Corbis ; 36 et 37 © W. Faidley/International St./Cosmos ; 38 © NRSC Ltd./ S.P.L./ Cosmos ; 43 © Muller/Jacana ; 44 © Nasa/G.S.F./ S.P.L./ Cosmos ; 46 © N. Feanny/Saba-Rea ; 47 © J. Giordano/Rea ; 48 © NOAA/S.P.L./ Cosmos ; 49 © AFP ; 50 © Researchers/Explorer ; 51 © B. Chemin/Hoa-Qui ; 52 et 53 © D. Dorval/Explorer ; 54 © AFP ; 58 © AFP ; 59 © M. Beziat/Cosmos ; 61 bas © A. Félix/Hoa-Qui ; 61 ht © P. Wild/Jacana ; 62 © G. Rigoulet/Hoa-Qui ; 66 et 67 © Y. Kervennic/TOP ; 69 g © AKG ; 69 d © Zefa/Hoa-Qui ; 73 © D. Muench/Corbis ; 74 © P. de Wilde/Hoa-Qui-Altitude ; 76 © J. Burgess/S.P.L./ Cosmos ; 77 g © NOAA Central Library ; 77 d © T. Dressler/Jacana ; 78 © NOAA Photo. Library ; 80 © P. Bourseiller/Hoa-Qui ; 82 et 83 © J. Finch/S.P.L./ Cosmos ; 85 © V. Englebert/PHR/Jacana ; 88 © AFP ; 89 © D. Keister/Liaison/Gamma. ; 91 bas © Ciel et Espace/Nasa ; 91 ht © J. Finch/S.P.L./ Cosmos ; 92 et 93 © A. Fujii/Ciel et Espace ; 94 © E. Lessing/AKG ; 95 © P. Parviainen/S.P.L./ Cosmos ; 98 bas © D. Van Ravenswaay/S.P.L./ Cosmos ; 99 © Ciel et Espace ; 100 © S. Numazawa/APB/Ciel et Espace ; 102 © F. Gohier/Explorer ; 103 © B. Edmaier/S.P.L./ Cosmos ; 104 © Ciel et Espace/Nasa ; 106 et 107 © S. Brunier/Ciel et Espace ; 109 © O. Sauzereau/Ciel et espace ; 112 © F. Espenak/Ciel et Espace. ; 113 © S. Brunier/Ciel et Espace ; 114 © Ciel et espace ; 115 © AKG ; 119 © coll. Archives Larbor.

Dessins et infographies

Archives Larousse, Laurent Blondel, Fabrice Dadoun, Pierre De Hugo, Jean-Yves Grall, Vincent Landrin, Gilbert Macé, Dominique Sablons, Léonie Schlosser, Tom Sam You

N° Projet: 10115364
Impression I.M.E. – 25110 Baume-les-Dames
Imprimé en France – 575133-02 octobre 2004